Le berger des mésanges bleues

Récit de vie de Gérard Boinon

Gérard Boinon

Le berger des mésanges bleues

Récit de vie

Éditions Héraclite

137, impasse du four à bois 69460 Le Perréon

editions.heraclite@gmail.com

ISBN : 978-2-900311-66-0

Remerciements

Depuis longtemps on m'incitait à écrire un livre, qui a pu se réaliser grâce à une rencontre extraordinaire : celle de Maurice Chalayer, conteur, qui est devenu mon coach.

À Simone qui m'a encouragé pendant ces longues journées d'écriture.

À Bernadette qui m'a corrigé.

Préface

Gérard Boinon est un marcheur invétéré, tout autant pour le plaisir que pour soigner, chaque jour, la maladie qui lui est tombée dessus à « l'âge du Christ », comme il le dit lui-même.

Il a contracté cette maladie, véritable peste invisible, distillée par le poison de l'industrie agrochimique, alors qu'il pratiquait son métier d'éleveur de bovins. Un métier porté par le productivisme et le rendement à tout crin.

Le départ donné par le remembrement et le « tout normé », germes de l'agriculture moderne.

Fini le temps des paysans et de leurs bœufs lents et laborieux. Vive les agriculteurs et leurs tracteurs rutilants importés des États-Unis dans le cadre du plan Marshall.

Voici donc dans quel contexte est arrivé Gérard Boinon.

Il est né à la fin d'un modèle paysan encore capable de s'asseoir avec sa famille autour de la solide table en chêne, et avec la capacité de vivre pratiquement en autarcie à Affoux dans le Rhône.

Gérard a donc grandi dans l'aspiration d'un autre modèle qui sera celui de la recherche rêvée de terrains plats et de bonnes terres, de la production intensive, de l'acquisition de matériel de plus en plus puissant et de l'introduction des engrais et des pesticides.

Gérard a eu comme maître René Dumont et bien d'autres aussi. Mais son maître à lui, c'est sa conscience. Elle est ancrée au plus profond de sa personnalité, et l'a guidé dans sa vie. Et quelle vie !

Une première à marcher pour s'amuser, car il est d'un naturel coquin pour aller à l'école, et pour rejoindre les filles le samedi soir.

Une deuxième à marcher pour son travail ; un paysan, ça marche tout le temps, il fallait que ses pieds touchent cette terre pour mieux la comprendre. Gérard est un homme-racine, il a besoin de ce lien métaphysique qui l'unit au minéral, à l'eau, à l'air.

Une troisième à marcher, encore et toujours, bien qu'il soit à la retraite, chaque jour qui passe pour éliminer le terrible poison qui le grignote de l'intérieur, et pour ne pas reprendre du poids. Ce poids qui pourrait le tuer !

Une quatrième à marcher sur les chemins de Saint-Jacques de Compostelle pour ne pas perdre la connexion avec sa fameuse conscience à laquelle s'ajoutent humanisme et religion quoi qu'il en dise !

Une cinquième à marcher sur les sentiers du militantisme qui vise la seule cause qu'il a chevillée au corps comme un coin de bois dans une charpente, celle de la DÉFENSE du PAYSAN, qu'il soit d'ici ou d'ailleurs. Défense de sa culture, de ses productions et de ses espérances.

Gérard, c'est aussi un visage qui se pourfend d'un large sourire et des yeux dans lesquels brille la détermination. On comprend mieux comment Gérard a pu entraîner dans ses pas tant de gens, parce qu'il est un homme qui dit les choses toujours avec le sourire. Cette caractéristique change la donne et est porteuse d'espoir. Même les douleurs à leur paroxysme prennent une autre couleur avec lui et nous conduisent à le regarder différemment, de plus près. Oui, Gérard, nous devons le regarder avec un autre œil et l'écouter aussi. Sa parole est celle d'un missionnaire qui combat inlassablement les nuisances d'un certain progrès. L'homme dénonce l'échec d'une agriculture que certains nomment « agriculture savante » qui au nom du « produire plus » l'a contaminé à petites doses. Un jour, son corps a dit « stop » !

Combien d'autres personnes ont vécu cette destruction sournoise ? Des milliers ! Mais peu d'entre elles osent en parler comme lui, une poignée seulement ! Gérard est aussi un homme libre. Il raconte son expérience. Les portes s'ouvrent devant lui et lui libèrent la parole, sa parole…

Avec Gérard, pas de procès médiatiques, pas de réparation par l'argent. Il veut simplement conserver sa liberté de dire, où qu'il soit, et quel que soit le public, de jeunes, d'adultes.

Cette liberté, il l'a acquise un jour, alors qu'il se reconstruisait. Il a compris que cette liberté se poursuivrait dans le vol libre des oiseaux. Notamment dans celui des mésanges bleues qu'il a croisées au hasard d'un déménagement et lorsqu'il a trouvé un livre appartenant à son grand-père. Dans cet ouvrage ancien et au fil des pages, il a découvert les vertus des mésanges qui picorent les larves d'insectes.

Fort de cette richesse livresque, il a décidé, comme son aïeul, de faire des mésanges de précieuses alliées sur ses propres cultures afin de les débarrasser des parasites. Pour ce faire, il a construit des nichoirs bien avant que cela ne devienne une pratique répandue. Il reprenait aussi l'idée de ce grand-père de Saint-Romain-de-Popey qui avait conservé les haies, fourche à la main contre les arracheurs du remembrement, afin de préserver l'habitat naturel des oiseaux.

On pourrait écrire « à la Giono » l'histoire de Gérard, ce Bobi de « Que ma joie demeure » …

Tous les ingrédients y sont : son amour pour le travail de la terre, « la glèbe » comme disait Henri Pourrat, sa passion pour la culture, mais aussi ses déceptions, ses atroces douleurs, son approche de la mort, son combat contre le poison, sa renaissance… Oui, une lumière a jailli lorsque, enfin, à commencer par sa propre famille, les méfaits du poison ont été révélés, à savoir l'atteinte irréversible à sa virilité.

Avec son ouvrage, ce récit de vie, j'ai été, comme Gérard le dit, « son coach ». J'ai appris page après page à connaître cet homme « pas comme les autres ».

Gérard nous pousse en avant, comme par un gros vent. Il nous conduit à nous interroger sur nos comportements, sur notre époque.

Gérard est un passeur qui arpente les routes de France et d'ailleurs, qui fait halte dans les écoles comme dans les hémicycles avec son étendard : « regardez ce qu'une époque et ses pratiques ont fait de moi. Ne faites pas pareil ! ».

Contrairement à beaucoup d'autres, Gérard ne rejette pas le modernisme et le machinisme. Il ne prêche pas pour le retour au travail avec le cheval, ou les bœufs, ou encore pour l'utilisation de la lampe à pétrole. Lui, a trimé étant jeune et sait ce que c'est d'être esclave dans un fermage et de travailler dans des champs à cailloux tellement pentus qu'un tracteur ne peut le gravir.

Non, la modernisation doit être une alliée, dans le sens d'une harmonie positive, élévatrice. Il refuse les nuisances d'un progrès, qui vous rongent de l'intérieur, ce ne sont ni la fatigue ni l'usure engendrée par un travail de bête. Ce grignotage est sournois, la destruction s'opère doucement, elle entre en vous, et s'attaque à vos cellules, et à votre immunité. Gérard ne veut plus de ce triste constat, et tant qu'il lui restera une once d'énergie (il a mené une lutte farouche contre la Covid au début de la pandémie), il cultivera son champ de liberté. Il portera l'idée que les oiseaux, entre autres, se substituent aux pesticides en « cueillant » des larves pour nourrir leurs oisillons. Il argue aussi que la terre ne doit plus subir l'agression du soc de la charrue, ce fer qui à Verdun a tué trop d'hommes et poursuit aujourd'hui sa guerre souterraine contre le vivant de la terre et tous ses micro-organismes.

Gérard a écrit « *Le Berger des mésanges bleues* » avec ses mots à lui, des mots emplis de sincérité, forts de son expérience, riches de son bon sens paysan (inscrit dans ses gènes) qui toucheront d'abord le lecteur, qu'il soit la femme ou l'homme responsable qui se cache derrière.

Maurice CHALAYER

PREMIÈRE PARTIE

De l'enfance à l'âge adulte

LA PETITE ENFANCE

Je pense que je suis né dans une famille aimante. Mes parents sont originaires des Monts du Lyonnais. Mon père, Antonin, était plus précisément de Montrottier et ma mère, Catherine, de Saint-Romain de Popey. Mon père était originaire d'un milieu de petits paysans fermiers, et ma mère d'une famille davantage aisée possédant une ferme plus importante spécialisée en arboriculture.

Mariage de mes parents

Mon grand-père paternel, Antoine, était originaire d'une toute petite ferme. Il avait fait la guerre de 14 et bien qu'il fût un taiseux, j'ai pu savoir quand même, au détour d'une conversation, que ce grand-père pendant la guerre avait été un nettoyeur de tranchées. Il avait également été fait prisonnier.

Mon grand-père paternel

Ma grand-mère paternelle, je ne l'ai jamais connue puisqu'elle est décédée alors que je n'avais que 9 mois. Ce dont je me souviens de ce grand-père, c'est qu'il venait assez souvent à la maison à partir du moment où il fut à la retraite, afin de « donner la main » à mes parents. Voici même une photo où il est en train de charger du fumier avec une paire de bœufs.

Mes grands-parents maternels, quant à eux, je les ai beaucoup plus connus. J'allais régulièrement en vacances chez eux et malgré mon jeune âge, mon grand-père m'emmenait souvent avec lui dans ses vergers. C'est là que je l'ai vu mettre des pantoufles pour monter dans ses arbres afin de ne pas les abîmer. Quant à la cueillette des fruits, c'était tout un cérémonial : il ne fallait surtout pas taler les cerises. Il convenait aussi de bien garder les queues. Je crois que j'ai gardé toute ma vie cette minutie et le respect de la matière. Quant à ma grand-mère, elle, qui pendant la guerre, a été dans la Résistance sans jamais s'en vanter, faisait un travail énorme vu le manque d'hommes. C'est elle qui, avec une paire de bœufs, déneigeait les routes de la commune pendant l'hiver. À la sortie de la guerre, elle a été employée à la cantine de l'école et elle a fait partie des premières femmes conseillères municipales en 1945, dès que les femmes ont eu le droit de vote. C'est vrai que c'était une battante. Elle avait suivi tout le combat des suffragettes, et même si dans cette petite commune il n'y avait pas de mouvement, elle les soutenait et s'en réclamait.

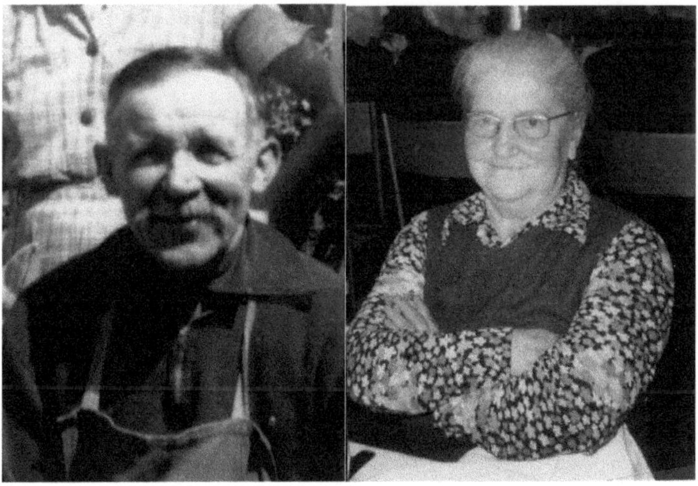

Mes grands-parents maternels

Je me rappelle même que pendant les événements de Mai 68, elle avait pris fait et cause pour la lutte des étudiants. Les discussions avec mon père étaient très animées et tendues, car j'avais un frère qui était sur les barricades à Paris. Mon père voulait aller le chercher pour le ramener à la maison, mais la grand-mère disait qu'il fallait qu'il vive sa propre vie et surtout qu'il fasse sa propre expérience. Après, il en tirerait toutes les bonnes conclusions.

Je crois que cette grand-mère maternelle, c'est elle qui m'a forgé le plus dans ma détermination à devenir le militant que je deviendrais bien plus tard. J'ai quand même vécu avec elle très longtemps puisqu'elle est décédée alors que j'avais déjà 31 ans.

Un fait méconnu : les trois traites journalières

« J'ai vu mes grands-parents paternels et maternels faire les trois traites chaque jour. La première était à 4 h du matin, la deuxième était à midi et la troisième était vers 21h.

Mon père, quant à lui, était allé beaucoup à l'école, et refusait de faire trois traites par jour. Par contre je me souviens que sa plus grosse laitière, il a dû la traire trois fois par jour pendant un mois environ. »

SOUVENIRS D'ENFANCE

Je me souviens particulièrement des hivers de mon enfance qui étaient très rudes.

Le village d'Affoux était situé dans les Monts du Lyonnais à environ 700m d'altitude, mais dans les années de mon enfance, le thermomètre descendait souvent très bas. Si je n'ai plus de souvenirs de l'année 1954 rendue célèbre par l'appel de l'Abbé Pierre, je me souviens très bien de celle de 1956. Après avoir eu un mois de janvier relativement doux, le 1er février le vent du nord se mit à souffler et ça a duré tout le mois. Le dégel n'a commencé que le 1er mars. Pendant tout le mois de février, la température a vacillé entre -15°C et -20°C. Exceptionnellement cette année-là il n'y avait pas de neige et toutes les céréales d'hiver ont gelé. Nous habitions dans une maison où l'isolation n'était pas celle d'aujourd'hui : pas de double vitrage aux fenêtres, les portes joignaient mal. Malgré le feu de la cuisinière et un poêle dans les chambres, nous avions très froid et nous ne tardions pas à nous mettre au lit. Heureusement, nous avions des édredons en plume d'oie.

Je suis dans les bras de ma mère

Je me souviens, une nuit, une grosse explosion nous a tous réveillés, parents et enfants. Mes parents se lèvent précipitamment. Nous les avons suivis. C'était le tuyau d'évacuation des eaux usées de l'évier qui était en fonte et traversait le balcon. Il avait explosé, nous avons retrouvé des bouts de fonte au fond de la cour à plus de 50m. Heureusement que personne n'était dans la cour à ce moment-là ! Mes parents laissaient couler un filet d'eau sur l'évier pour ne pas que l'arrivée d'eau gèle, mais c'est l'évacuation qui a gelé. L'évier s'est rempli de glace et a débordé dans la cuisine. Quand mes parents sont arrivés dans la cuisine, il y avait une très grosse quantité de glace par terre. Ma mère, dans un réflexe, ferme le robinet. Mon père lui dit qu'il ne faut pas arrêter le robinet. Le temps de le rouvrir, le robinet était déjà gelé. Après avoir constaté les dégâts, nous sommes tous retournés au lit. Mais le lendemain matin, il fallait bien s'occuper de cette glace qui était dans la cuisine, et, bien que la cuisinière tournait à fond, la glace ne fondait pas. J'ai vu ma mère prendre des petites bougies pour essayer de faire fondre cette glace. Finalement, en faisant bouillir de l'eau sur la cuisinière, en la versant sur la glace et en épongeant tout de suite, elle en est venue à bout. Et dire que l'on vivait dans ces conditions-là !

Les jours qui suivirent, c'était du travail supplémentaire, car il fallait aller chercher l'eau au puits. On n'avait plus d'eau au robinet. À la fin du dégel, je me souviens très bien de mon père en train d'ouvrir une tranchée dans la cour, car la canalisation qui était enterrée à plus de 1m de profondeur avait également gelé. Il fallait elle aussi la changer.

À cette époque dans ce village, il y avait régulièrement beaucoup de neige et bien entendu le chasse-neige n'était pas prévu pour les hameaux reculés comme le nôtre. Il y avait des jours où il nous était impossible d'aller à l'école tellement la neige et notamment les congères étaient hautes, pouvant atteindre jusqu'à 2 ou 3 mètres. On était complètement isolé du monde, mais souvent nous partions quand même à pied à l'école qui était à 3km et demi de la maison. Quand je raconte cela aujourd'hui, on a peine à me croire, surtout en constatant qu'avec le réchauffement climatique, nous n'avons plus que 2 ou 3 jours de neige par an.

Mais il y avait aussi des bons moments. Grâce à cette neige, nous pouvions jouer régulièrement, faire de la luge ou de la patinoire.

Dans la cour de l'école, on avait créé une patinoire qui était régulièrement entretenue par des élèves qui habitaient le village. Le soir, ils étalaient de l'eau. Avec le gel de la nuit, le lendemain, nous pouvions patiner, mais attention, nous étions chaussés avec des galoches. C'était le soulier de tous les jours. La semelle de bois était généralement fabriquée sur mesure par le cordonnier du village, car le travail demandait beaucoup de maîtrise et d'habileté pour ne pas avoir des ampoules.

Les galoches de mon enfance

Été comme hiver, les jeux de course ou de glissade arrachaient les clous des semelles des galoches. Les enfants s'amusaient alors à les rechercher, le gagnant était celui qui en retrouvait le plus. Ils étaient ensuite restitués aux parents qui s'empressaient de les reclouer. Quand les clous étaient neufs, on ne pouvait pas faire de glissade sur la glace. Alors vous comprenez pourquoi nous préférions aussi récupérer au maximum les vieux clous.

LES ANNÉES D'ÉCOLE

Je suis rentré à l'école à 6 ans. On habitait à 4 km du village et bien entendu il n'y avait pas de moyens de locomotion à l'époque, donc c'était à pied que l'on se rendait à l'école et pour midi on emportait notre panier.

Je ne peux pas dire que l'école m'ait beaucoup intéressé. J'ai toujours eu des difficultés scolaires par rapport aux autres et j'avais une maîtresse qui aujourd'hui serait radiée de l'Éducation nationale. Elle était, en effet, d'une violence inouïe. Je me souviens très bien que les craies, voire les boîtes de craies, nous arrivaient sur la tête si l'on avait fait une bêtise ou une tache sur notre cahier. Ne pas faire de tache en écrivant avec une plume Sergent Major c'est toujours difficile, mais les claques, les tirages d'oreilles, les coups de bâton, les coups d'ardoise sur la tête étaient monnaie courante. Une fois, l'encadrement en bois de l'ardoise m'est resté autour de la tête en guise de collier, ce qui ne m'avait pas fait mal du fait que l'ardoise avait cassé. Je me souviens aussi m'être souvent sauvé de l'école. La maîtresse me courait après et quand elle me rattrapait, j'avais droit à un retour pendu par les oreilles. Mais quelques fois, elle ne me rattrapait pas et était obligée de prendre son scooter pour me ramener, et là je revenais à califourchon sur celui-ci. Je me souviens même qu'une fois un petit copain avait fait une tache sur son cahier. La maîtresse l'a fait se mettre torse nu et a accroché le cahier dans son dos avec une épingle à nourrice. Comme il pleurait, il recevait des coups de bâton sur les jambes... Elle avait fermé la porte à clé pour pas que l'on se sauve. Donc j'ai sauté par la fenêtre et atterri sur les WC qui étaient en contrebas. De là, j'ai couru tant que j'ai pu jusque chez les parents du copain dont le père était maréchal-ferrant. Ce dernier est arrivé à l'école et je me souviens que ça a bardé.

J'ai appris beaucoup plus tard que mes difficultés d'apprentissage scolaire n'étaient pas dues à un manque de courage ou de volonté, mais simplement à une dyslexie qui n'avait pas été détectée. Je ne l'ai appris qu'après l'âge de 50 ans.

Quand je rentrais de l'école avec une punition collective et que je disais ce n'est pas juste parce que je n'étais pas dans le coup, ma grand-mère disait « c'est bon signe quand je te vois t'indigner, et lorsque tu vois quelque chose d'injuste, il faut lutter ».

Concernant l'école de ma toute petite enfance, après les années difficiles que je viens de décrire, l'institutrice a disparu pratiquement du jour au lendemain de l'école. On n'a pas su pourquoi. Un nouveau maître est arrivé et c'était beaucoup mieux, du moins dans mon imaginaire. Malgré tout, j'avais toujours des difficultés en orthographe.

1960 a été l'année du déménagement d'Affoux à Saint-Trivier-sur-Moignans dans l'Ain. Mon père est arrivé dans cette nouvelle ferme le vendredi 13 mai 1960. Ma mère devait rester jusqu'au 11 novembre dans notre première ferme pour liquider l'intégralité. Moi, je suis resté avec ma mère alors que mes frères et ma sœur sont partis avec mon père et la grand-mère maternelle sur le nouveau lieu d'habitation. Donc, j'ai dû reprendre l'école à Affoux jusqu'au 11 novembre et j'ai changé d'école en cours d'année ; cela a été pour moi a été une année complètement ratée que j'ai dû redoubler. Mais je l'ai redoublée en pensionnat où j'ai passé trois années : deux à la Mulatière et une à Chaponost. Je n'avais que 12 ans quand je suis entré en pension et je me suis débrouillé tout seul pour me rendre de Saint-Trivier à la Mulatière ou à Chaponost. Je devais donc traverser Lyon seul. De Saint-Trivier, je prenais le car jusqu'à Lyon et là il fallait 2 tramways différents pour arriver à la Mulatière. Ensuite, j'avais encore 20 minutes de marche pour arriver au pensionnat.

Dans ce pensionnat, je me souviens en particulier de l'hiver 1963, en janvier, où il faisait très très très froid. J'ai un souvenir à moins 27 degrés. Comme il n'y avait pas assez de place dans le pensionnat, le directeur avait loué une maison en construction qui n'était pas isolée. Nous étions six copains dans cette maison. Je me souviens que dans la journée il faisait plus chaud dehors que dedans, il n'y avait pas de chauffage. Un de mes copains, dont le père était marchand de matériel électroménager, le lundi suivant, est revenu avec six couvertures électriques et à partir de ce moment-là quand on se couchait, on était au moins au chaud. Mais quand le directeur s'en est aperçu par le relevé du compteur électrique, on a passé un sale quart d'heure.

À la maison, on travaillait aussi dès notre plus jeune âge. Il fallait aider les parents, notamment à ramasser les patates, les fraises, les châtaignes. C'était dur parce que ça piquait. Nous tournions la baratte pour faire le beurre et réalisions plein de menus travaux sur la ferme, comme garder les vaches et les chèvres. Nous préparions le marché, car tous les jeudis mon père allait au marché à Tarare vendre fruits, lait, crème, fromage et beurre.

Le plus difficile pour moi c'était de ramasser les topinambours parce qu'il faisait toujours froid et c'est difficile à ramasser. Faire les chaudières, préparer la pâtée pour les cochons, mais il y avait aussi du bon, car les patates qui étaient au-dessus la chaudière cuisaient à la vapeur. On en profitait pour en manger quelques-unes.

La formation de mes parents était un peu hors normes pour l'époque. Mon père est né en 1923 et c'était un paysan qui avait déjà le bac. Ma mère avait une formation de couturière. De ce fait là, mon père s'est retrouvé dans les organisations professionnelles agricoles du département et notamment membre de la Chambre d'Agriculture du Rhône. Il était également conseiller municipal sur la commune où nous vivions et a participé à de nombreuses organisations telles que le contrôle laitier, la création de caisses locales du Crédit Agricole et des Mutuelles d'assurances qui sont devenues aujourd'hui Groupama.

La ferme de mes parents était petite et quand mon frère a atteint l'âge de rentrer en 6è et qu'il a fallu payer une pension, tout assurer financièrement est devenu de plus en plus difficile. C'est à ce moment-là que mon père a décidé de changer de région pour venir dans le département de l'Ain à Saint-Trivier-sur-Moignans, comme maître valet. Il a ainsi abandonné son statut de paysan pour devenir ouvrier agricole chez un propriétaire qui était assureur sur la place de Lyon et qui pensait faire tourner sa ferme avec des salariés sans être présent sur les lieux. Mon père, patiemment, lui a fait comprendre que le métier de paysan était difficile et qu'il fallait prendre des décisions au jour le jour. Ainsi pour cela, une dizaine d'années plus tard, il s'est réinstallé de nouveau en tant que paysan, car le propriétaire avait mis la ferme en fermage.

Mes parents ont eu 4 enfants. Je suis le deuxième de la fratrie. Mon frère aîné est devenu ingénieur agricole et docteur en sciences économiques. Mon frère cadet, après avoir été moniteur de Maison Familiale, est revenu sur la ferme où l'on a créé un GAEC en 1976. Ma petite sœur chimiste a travaillé chez Total.

Il y a un élément qui a marqué toute la famille et qui doit la marquer encore aujourd'hui, c'est la mort de mon oncle maternel quelques mois après le mariage de mes parents en 1947. Mon oncle, qui était chauffeur de tracteur dans une entreprise de battage, après 48 heures sans sommeil a eu un accident et s'est tué lors des battages des moissons. Je crois que dans la famille, la grand-mère en particulier ne s'est jamais remise de cet accident puisqu'elle a porté le deuil à partir de ce jour-là jusqu'à la fin de sa vie. Quand est né le premier enfant de mes parents, mon frère a porté le même prénom que cet oncle qui avait disparu. Je pense qu'inconsciemment ma grand-mère est rentrée en lutte contre toutes les injustices à partir de ce moment-là.

Je me souviens également de très bons moments de ma jeune enfance. Le dimanche, souvent, nous allions à Saint-Romain chez la grand-mère. Nous partions en voiture à cheval pour parcourir les 12 km qui nous séparaient. Là-bas, il y avait les cousins germains. Je me rappelle de jeux mémorables.

Je ne peux pas passer cette période de mon enfance sans parler des clubs, comme « Le cœur vaillant », qui étaient animés le plus souvent par le prêtre du village, et ma mère était régulièrement là pour donner des coups de main. Pour moi ce fut vraiment l'école de la vie ; j'ai commencé à apprendre ici.

Il faut savoir que dès l'âge de 4 ans, j'avais été abonné au journal « Perlimpinpin » et à 7 ans au journal « Fripounet » qui est arrivé à la maison toutes les semaines avec une merveilleuse bande dessinée qui s'appelait Sylvain et Sylvette. C'est pourquoi je suis même sûr que notre fils aîné a été nommé Sylvain.

L'ADOLESCENCE

Parlons à présent de mes années d'adolescence. D'abord c'était la mobylette. À 15 ans, les sorties à mobylette avec les copains faisaient toute la différence entre l'enfant et l'adolescent, tout comme les bals populaires et nos premiers flirts, car en campagne on n'allait pas en boîte de nuit. On avait beaucoup d'histoires à raconter.

Par exemple, je me souviens d'une fois, alors que les paysans mettaient leurs bidons de lait au bout du chemin, l'un d'eux, un soir, avait oublié de ramasser ses propres bidons vides ; nous étions une quinzaine de copains à nous rendre à un bal en mobylette, nous les avons ouverts. Chacun de nous a baissé sa culotte et laissé une crotte à l'intérieur, je vous laisse imaginer la tête du paysan le lendemain matin en retrouvant ses bidons souillés.

Une autre fois, un paysan avait laissé dans son champ une herse que nous avons démontée et grimpée dans un arbre. C'étaient certes des bêtises, mais... avec ces copains, j'ai aussi appris à « boire des canons ». Il est évident pour moi que ces années-là ont été joyeuses avec des samedis et dimanches fabuleux.

En 1964, je rentre en Maison Familiale à Saint-André-de-Corcy dans l'Ain. J'ai eu de la chance par rapport aux autres copains. Ayant déjà fait 3 années de pensionnat, j'en connaissais le fonctionnement. En

Maison Familiale, on est en pension une semaine sur 3 et les 2 autres en stage sur une ferme. J'ai à cet instant découvert que les copains n'étaient jamais sortis de chez eux. Ils sont allés à l'école primaire, mais n'étaient jamais partis de chez papa-maman. Pour moi qui avais déjà fait de la pension ça n'avait rien à voir. Donc je crois que j'étais le polisson de l'équipe. J'ai entraîné un petit peu mes copains parce que je connaissais toutes les astuces pour pigeonner les professeurs qui étaient aussi nos responsables d'internat. Là encore, des souvenirs assez mémorables... Une fois, il y avait une réunion de parents d'élèves, qui étaient venus le soir alors que nous étions couchés. Tous les parents avaient mis leur voiture dans la cour de l'école. C'étaient des 2CV, des 4L, des Traction qui n'avaient pas de Neiman pour beaucoup. Les paysans laissaient même la clé dessus. Donc pendant que les parents et professeurs étaient en réunion, nous avons repéré une moissonneuse-batteuse qui était là en démonstration pour qu'on apprenne la mécanique de celle-ci. Nous avons donc pris toutes les voitures les unes après les autres. Nous les avons poussées sans faire de bruit jusque sur le terrain de sport. Ensuite, nous avons déplacé la batteuse sans la démarrer, pour la mettre en travers du chemin. Quand les parents sont sortis, ils n'ont pas vu les voitures dans la cour. Quand ils ont compris que les voitures avaient été simplement poussées sur le terrain de sport, ils ont été obligés de démarrer la moissonneuse-batteuse pour récupérer leur bien. Puis, ils sont partis.

Le directeur, ayant compris le manège que nous avions mené, nous a fait descendre de la chambre et nous a donné du travail. À 5h du matin, on n'en pouvait plus, on dormait sur nos devoirs. Pour nous réveiller, nous nous sommes retrouvés à courir en pyjama dans le village. À 6h du matin, les personnes qui allaient prendre le train, à la gare, nous voyaient se demandaient vraiment ce qui se passait en nous voyant. Dans ce coup-là, je n'étais pas le dernier à être parmi ceux qui avaient mené la bande. Voilà un petit peu pour ce qui est des histoires un peu croustillantes que j'ai vécues…

La rentrée en Maison Familiale demande un autre rythme de travail puisqu'on travaille 15 jours sur la ferme et une semaine à l'école. À la ferme, nous avions un cahier de stage avec beaucoup de questions qui étaient préparées en classe. Pendant cette quinzaine de stage, en plus des travaux de la ferme, nous avions à remplir tout un rapport qui était rendu, évalué et exploité par les enseignants. Chaque stage avait un thème différent. Un jour c'était la production du lait, une autre fois la production de blé. Chaque fois, le rapport de stage était en cohérence avec les saisons, et se référait à ce qu'on faisait réellement sur la ferme. J'ai eu la chance que mon père, qui à l'époque était maître valet, et non pas paysan à son compte, puisse me mettre non pas aide familial, mais apprenti. Cela a été une immense chance pour moi, car j'ai pu obtenir à 56 ans une carrière longue m'offrant la possibilité de prétendre à la retraite. Les copains qui avaient le statut d'aide familial ne rentraient pas dans le calcul des retraites. Ils ont été obligés d'aller jusqu'à 60 voire 62 ans pour avoir la totalité de leurs trimestres, d'autant que certains sont restés au statut d'aide familial jusqu'à 25 ans.

Je n'ai jamais assez remercié mon père de m'avoir mis sous ce statut, d'autant plus qu'ayant été malade, j'ai pu prendre ma retraite plus tôt. Cette disponibilité m'a permis de faire d'autres choses, car je ne reste pas les deux pieds dans le même sabot, même à la retraite.

À la Maison Familiale, durant ces quatre années, j'ai effectué des stages à l'extérieur de la ferme de mes parents. Notamment, je suis allé pour mon premier stage de 15 jours loin de la maison en Normandie. Lorsque je suis arrivé, la dame qui m'accueillait avait la jambe dans le plâtre, cassée suite à un coup de pied donné par une vache. À l'époque, la traite des vaches en Normandie se réalisait au pré et à la main, alors que chez mon père, il y avait déjà la salle de traite dans laquelle les vaches venaient. Ils étaient tous surpris de me voir capable de traire à la main, chose que j'avais apprise dans mon enfance. Mon stage s'est très bien passé, j'ai découvert d'autres choses en Normandie comme les pommiers dans les prés, l'agroforesterie avant l'heure.

Pour le deuxième stage, je suis parti dans le Loiret. Je voulais faire l'expérience de la grande culture. J'ai voyagé toute la nuit en train pour arriver jusqu'à Orléans. Je sortais de 90 jours de jambe dans le plâtre à la suite à une sortie d'une semaine au ski avec la Maison Familiale. Arrivés à Orléans, ils m'ont récupéré et m'ont mis sur un tracteur. J'ai semé 90 hectares d'orge. Au niveau apprentissage, je ne peux pas dire que cela ait été formateur, car être sur le tracteur du matin au soir ce n'est pas vraiment un apprentissage. Mais bon, c'est une expérience de laquelle on se souvient !

Le troisième stage à l'extérieur s'est déroulé dans le Doubs chez Boucard, une exploitation laitière produisant du lait à Comté sans ensilage. Pour me rendre à ce stage, j'avais parcouru les 200 km en mobylette depuis la maison, ce qui m'avait fait rouler presque toute la journée. J'ai vraiment découvert à ce moment-là le métier de ces paysans passionnés par leur production qu'ils livrent à la fruitière deux fois par jour. Le lait à Comté sans ensilage est produit par des vaches nourries à l'herbe et aux betteraves cultivées sur la ferme. Cela me paraissait un peu archaïque puisque chez mon père nous fonctionnions déjà avec l'ensilage. Cependant, avec le temps et l'expérience, je peux dire que c'était vraiment mieux que du maïs-soja. Cette idée simple d'aliments pour le bétail leur a permis d'obtenir l'AOC pour le Comté, qui est sain et respectueux de la nature. Par ailleurs, encore aujourd'hui, ce lait à Comté est bien mieux payé que le lait standard produit avec de l'ensilage.

J'ai découvert avec ce stage la passion des vaches et du produit fini.

Voilà ce qu'on peut dire de mon apprentissage en Maison Familiale. J'ajouterai une chose : les trois premières années de Maison Familiale, j'ai eu vraiment la chance d'avoir pour directeur Maurice Georges. C'était quelqu'un qui nous a donné l'envie d'apprendre pour la satisfaction du travail et le plaisir de transmettre quelque chose de vrai, de naturel. C'est pour cela, je crois, que toute ma vie, j'ai été celui qui a voulu apprendre même si les résultats n'étaient pas probants. En plus de cela, il nous a donné la possibilité de faire chacun nos choix, puisque dans ma promotion quelqu'un est devenu responsable de la FNSEA (Fédération Nationale des Syndicats d'Exploitants Agricoles) et président de la Chambre d'Agriculture. Quant à moi, je suis devenu responsable de la Confédération Paysanne. Donc nous avons eu deux chemins complètement opposés. Quand je regarde aujourd'hui les 25 élèves que l'on était dans cette promotion, chacun s'en est très bien sorti et justement je crois qu'on le doit à notre directeur.

Pendant les vacances d'été, pour que je vive d'autres expériences, mon père ne voulait pas que je reste sur la ferme. En règle générale, je partais comme employé dans une CUMA (Coopérative d'Utilisation de Matériel Agricole) pour conduire la batteuse, ou pour d'autres travaux. Je me souviens être allé travailler la vigne avec un cheval. J'ai été embauché chez des voisins en tant qu'ouvrier agricole, ce qui m'a permis de voir ce qui se passait ailleurs. Donc là, j'ai beaucoup appris. Étant employé comme ouvrier, il fallait bien tenir sa place ! Je me souviens avoir sarclé la vigne, dans une ferme à Dareizé, avec un cheval où l'on faisait entre 30 et 40 km par jour avec des bottes dans de la terre qui était tout juste travaillée. C'était très dur. Tellement fatigué, le soir, je n'allais pas voir les filles…

Pour en finir avec la Maison Familiale, lors de cette 3è année, j'ai eu mon BAA (Brevet d'Aptitude Agricole). La 4è année s'est déroulée à l'Institut Rural de Chessy-les-Mines où j'ai eu mon BPA (Brevet Professionnel Agricole). Malgré les difficultés scolaires de ma jeunesse, probablement grâce à toutes ces pratiques et expériences, j'ai pu obtenir les diplômes nécessaires pour au moins emprunter financièrement ce dont j'ai eu besoin pour ma ferme.

À la fin de l'adolescence, j'ai passé mon permis de conduire que j'ai décroché du 1er coup avec seulement 5 h 30 de leçons. Donnez-moi un volant dans les mains et je suis complètement à l'aise, mais cela n'a rien d'étonnant puisque sur la ferme, il faut bien conduire !

Enfant, j'ai participé à des groupes « Coeur Vaillant » ; adolescent, j'ai rejoint le MRJC (Mouvement Rural de la Jeunesse Chrétienne) avant de rejoindre la branche JAC (Jeunesse Agricole Catholique) où j'ai vécu mes premières responsabilités au niveau départemental.

Nos slogans étaient « voir juger agir » et « ne laissons pas les autres décider à notre place ». Cela nous permettait de nous interroger sur le sens de notre vie, sur ce que nous ferions de notre futur. Pour moi cela a été vraiment quelque chose qui m'a fait grandir dans ma façon de penser, plutôt que de m'inciter à subir ce qui nous arrivait. C'était un moyen de formation complémentaire aux Maisons Familiales qui était assez extraordinaire. Par exemple, on a beaucoup réfléchi sur les relations filles-garçons.

On a organisé des « Fêtes de la joie » qui m'ont beaucoup appris sur le sens de l'organisation.

On organisait des camps d'été, je me souviens même avoir passé mes 4000 mètres d'altitude à Zinalrothorn (4221 m) en Suisse lors d'un camp de haute montagne.

J'ai rencontré des copains qui étaient de tout le département, voire de toute la région, pendant la préparation des fêtes et notamment de zoom 68 qui a été annulée, car elle était prévue en juin 68. Les événements de mai, juin 68 en ont décidé autrement, mais la préparation qui avait été faite pour le département de l'Ain avait été une bonne formation. Nous avions prévu de nous retrouver à Grenoble, entre plus de 100 000 jeunes. C'était vraiment ce qui était prévu et il y avait même un slogan « si tu ne viens pas nous serions que 99999 ». Cela a été extraordinaire et merveilleux de vivre mes premiers engagements militants.

Je ne peux passer sous silence mai 1968. Comment ce temps a-t-il été vécu dans nos campagnes ? Dans nos campagnes, nous n'étions pas beaucoup informés. Mes parents n'avaient pas la télévision et les informations qui nous arrivaient depuis Paris étaient catastrophiques. On disait « mais qu'est-ce qui arrive à la France » ?

Les personnes comme mes parents, qui avaient vécu la guerre, ne pouvaient comprendre. Ils avaient vraiment l'impression qu'elle allait recommencer, comme pour une 3ème guerre.

On n'avait plus d'essence. Moi, j'avais ressorti le vélo puisque la mobylette ne pouvait plus rouler. C'était surprenant. Mon frère se trouvait étudiant à Paris et on n'avait pas de téléphone puisque le téléphone était manuel dans nos campagnes et que les standardistes étaient en grève, donc on ne pouvait pas lui téléphoner. Malgré tout, mon père est parvenu, en allant directement au central téléphonique, à avoir mon frère au téléphone en lui disant « *j'ai collecté suffisamment d'essence pour faire l'aller-retour à Paris. Je vais te chercher. Tu me donnes rendez-vous où ?* » Mon frère lui avait répondu qu'il ne voulait pas rentrer. Il était étudiant donc était là pour changer la vie et refaire le monde. Mon père est rentré, catastrophé, après ce coup de téléphone. Ma grand-mère, présente ce jour-là, a réagi de manière véhémente en lui disant : « *Laissez votre fils vivre sa vie comme il l'entend !* »

À 19 ans, je ne comprenais pas certaines choses. Toutes ces dimensions politiques étaient si loin de moi. Dans nos campagnes, on a connu mai 68 plus tard, en 1972 avec quatre ans de retard parce que, voilà, c'était comme ça, le temps de prendre conscience de ce qui arrivait… Malgré tout, 68 pour le monde agricole a été bénéfique notamment pour les ouvriers agricoles puisque le SMIC a été instauré pour eux. Avant, c'était le SMAC qui était moindre, rendant les ouvriers agricoles sous-payés.

LE TEMPS DE L'ADOLESCENCE S'EST ACHEVÉ AVEC LE TEMPS DE L'ARMÉE.

Je suis incorporé en mars 1969 à Nantes dans une

compagnie d'infirmiers, probablement parce que j'avais mes diplômes de secouriste. Arrivé à l'armée, j'ai passé mes permis militaires pour pouvoir être ambulancier le reste du temps après les classes. Mais cela ne s'est pas passé comme ça. Je devais être ambulancier à Lyon à Desgenettes et je me suis retrouvé en Allemagne, à Trèves, au service d'urgence d'un hôpital militaire, ce qui n'avait rien à voir avec ce que j'avais préparé pendant mes classes. Là, j'ai appris un nouveau métier. Je recevais des militaires accidentés qu'il fallait préparer avant de les conduire à la radio, les emmener au bloc opératoire ou les diriger dans le bon service. Cela me demandait un travail minutieux pour que les accidentés ne souffrent pas trop.

On avait dans cet hôpital 400 lits, ce qui était énorme. Sur 8 étages on avait un demi-étage qui était réservé à la maternité. Je me souviens, lors de ma première garde de nuit à l'hôpital, une femme avait accouché dans l'ambulance qui l'emmenait de chez elle à l'hôpital. En Allemagne, les femmes de militaires gradés accouchaient à l'hôpital militaire contrairement à la France où les femmes de gradés accouchaient dans des cliniques privées pour la plupart.

Il y avait aussi des choses moins agréables puisque c'est moi qui devais m'occuper de la morgue. De temps en temps, il y avait des militaires qui se tuaient en voiture ou lors d'un saut dans le parcours du combattant. C'était souvent des accidents tels que des fractures de jambe, bras, ou épaule. De temps en temps c'était beaucoup plus grave. Une expérience qui vous marque à vie !

Mais en même temps, il y avait de bien belles rigolades avec les copains. Pour Noël, j'étais de permanence, car un hôpital continue de fonctionner même pendant les fêtes. Je me souviens que ce jour-là on avait réveillonné et beaucoup d'entre nous avaient beaucoup trop bu. En faisant une chute de dessus la table, j'ai eu le genou coupé. Le médecin de garde était tellement cuit qu'il ne pouvait pas me suturer. Le pharmacien de garde a eu la charge de réaliser les 5 points nécessaires, qui ont été exécutés sans anesthésie, oui sans anesthésie ! Nous devions être déjà bien anesthésiés… Une autre fois, alors que nous avions de l'alcool chirurgical très fort, non dénaturé, nous avons pris une seringue et piqué une orange, la remplissant d'alcool. Quelques jours plus tard, nous avons mangé cette orange très juteuse, une seule a suffi pour nous rendre complètement paf…

Parce que nous étions en hôpital, nous n'étions pas soumis à la rigueur du commandement. Nous ne devions pas marcher au pas. Nous nous coupions les cheveux quand on en avait envie. Rien ne nous était imposé du moment que le travail était réalisé consciencieusement.

Quinze mois plus tard : la Quille. C'est une autre histoire, car on change de période.

RETOUR DE L'ARMÉE

Après mon retour de l'armée en 1970, je fus surpris d'avoir été demandé par l'hôpital de Villefranche-sur-Saône pour devenir brancardier. Il est vrai que j'avais été infirmier militaire, j'avais réussi mon « caducée[1] ». L'insigne du caducée sur la photo où je suis habillé en militaire est accroché à la pochette de ma chemise. L'hôpital manquait de bras pour ce genre de travail. Malheureusement, voulant devenir paysan, je n'étais pas dans cette démarche-là.

L'année du retour de l'armée, le CDJA (Centre Départemental des Jeunes Agriculteurs) du département de l'Ain ayant organisé le concours de labour départemental sur la ferme de mes parents, je me suis retrouvé tout naturellement président cantonal des jeunes agriculteurs. J'ai rejoint l'équipe dirigeante départementale. Cette expérience n'a pas duré très longtemps, car je prenais des positions qui

---

[1] Les infirmiers militaires ayant subi avec succès les examens organisés à l'issue d'un peloton spécial d'instruction, qu'ils soient ou non engagés spéciaux, avaient droit au port de l'insigne du caducée. Considérés dès lors comme spécialistes, ils avaient par conséquent accès au grade de caporal ou de sergent. Ils ne pouvaient toutefois être maintenus dans les sections d'infirmiers militaires que dans les limites des besoins. En cas de versement d'infirmiers militaires dans d'autres armes, étaient compris dans ces versements tous les spécialistes en excédent. Sous réserve d'assister « depuis un an au moins le médecin dans son action médicale ou chirurgicale dans les services de l'avant », les « infirmiers ayant satisfait aux examens du caducée » ne pouvaient être versés dans les unités combattantes (Loi du 10 août 1917 fixant les affectations aux unités combattantes des mobilisés, officiers, sous-officiers et soldats appartenant à l'armée active, art. 1er et 2-3° combinés : J.O. 15 août 1917, p. 6.403).

étaient contraires aux directives de la FDSEA (Fédération Départementale des Syndicats d'Exploitants Agricoles) du département. À l'assemblée générale de 1972, avec un certain nombre de copains nous avons été exclus purement et simplement.

Quand je suis parti à l'armée, mon père a pris un ouvrier agricole pour me remplacer sur la ferme. Lorsque j'ai été libéré, il était toujours là et, comme c'était un enfant de la DASS (Direction des Affaires Sanitaires et Sociales) je l'ai laissé en place et je suis parti.

Pendant que j'étais à l'armée, mon père avait négocié avec son propriétaire pour redevenir fermier sur sa ferme. Il a perdu son statut de salarié et est redevenu exploitant agricole le 11 novembre 1971 pour la deuxième fois de sa vie, alors qu'il était salarié depuis 1960. Cependant, le jour où il a pris sa retraite, ce ne fut que bénéfique.

Je travaillais certes quelques journées chez mes parents en fonction des besoins. À cette époque-là, le travail ne manquait pas. Le chômage n'existait pas. On était encore dans les Trente Glorieuses. Connaissant déjà fort bien mon métier, j'étais régulièrement demandé chez des voisins, dans des CUMA (Coopérative d'Utilisation de Matériels en Commun) pour mener du matériel, notamment les moissonneuses-batteuses, tronçonneuses, tracteurs, tout le matériel agricole. J'ai également travaillé chez un entrepreneur agricole. Ce travail, je l'ai exécuté pendant environ une année.

Ayant tous mes permis, le poids lourd notamment, un transporteur routier suisse m'a proposé de devenir routier international. Je dois reconnaître que j'ai beaucoup hésité, d'autant plus que le salaire suisse était extraordinaire à l'époque. Le SMIC français était de 566 francs par mois alors que ce transporteur me proposait 1600 francs suisses. Je venais de connaître Martine, ma future femme, l'amour m'a empêché de partir.

Ensuite, j'ai pris la gérance à la « nurserie des Dombes ». Il s'agissait d'une coopérative dans laquelle une quinzaine de paysans s'étaient regroupés pour faire élever leurs veaux et leurs génisses. Les veaux mâles étaient engraissés puis vendus à des bouchers. Les génisses étaient sevrées puis reprises par leur propriétaire. Je travaillais à la nurserie de 6 h à 10 h et de 16 h à 20 h. Je n'avais aucun week-end pour moi, mais j'étais très bien payé. Il me restait néanmoins beaucoup de temps entre 10h et 16h tous les jours, ce qui me permettait d'aller faire des heures dans les fermes environnantes afin de payer mon mariage qui se préparait pour le 8 avril 1972.

Quand j'ai connu Martine, elle avait 19 ans. Elle venait d'avoir son diplôme de secrétaire de direction et était employée chez un transporteur routier dans le Beaujolais. Nous nous sommes connus à un concert d'Hervé Vilard en septembre 1970.

Martine était la fille de Jean et Claudette, tous deux ouvriers. Jean était vannier chez son beau-père, le grand-père de Martine. Il avait également une petite ferme de 8 hectares avec quatre ou cinq vaches qu'il trayait à la main. Ma belle-mère, Claudette, était cantinière à l'école de la commune.

Le grand-père et la grand-mère de Martine ont eu au moment de l'apogée de leur vannerie jusqu'à 80 ouvriers vanniers. Ils habillaient d'osier des bonbonnes de toutes les dimensions de 3 à 50 L. Ils travaillaient en collaboration avec une verrerie de Rive-de-Gier.

DEUXIÈME PARTIE

De l'installation au grand choc

LE 11 NOVEMBRE 1972 : INSTALLATION À LA FERME DE VERSAILLEUX.

Depuis mon retour de l'armée, j'avais la ferme intention de m'installer comme exploitant agricole sur une ferme indépendante de celle de mon père avec qui j'avais un véritable conflit de générations.

Mon père s'entendait parfaitement bien avec son propriétaire qui venait de lui remettre la ferme en fermage.

Ce propriétaire était le cousin germain d'un régisseur de propriétés agricoles. Il avait une ferme qui se libérait sur la commune de Versailleux. Le propriétaire de mon père me demanda si j'étais intéressé, ma réponse fut un oui sans hésitation.

Avec ma future femme, nous avons pris rendez-vous avec le régisseur pour visiter la ferme. Nous avons tout d'abord été surpris par le mauvais état de la maison d'habitation. L'évier de la cuisine était une pierre. Les toilettes étaient au fond de la cour. Il n'y avait ni salle de bains, ni eau chaude, ni chauffage. Sans parler de l'isolation qui était inexistante. La ferme, à l'ancienne, n'avait que des écuries, pas de stabulation, pas de hangar, mais 38 hectares qui étaient tous labourables, mais le prédécesseur avait essentiellement des prairies permanentes.

Versailleux se trouve au centre de la Dombes. C'était une ferme où il n'y avait pas eu de drainage ; les terres étaient très humides et relativement difficiles à travailler.

Malgré cela, j'étais tellement content de trouver une ferme en fermage, c'est-à-dire sans être obligé de l'acheter, que je voyais à peine tous les inconvénients.

Dans les huit jours qui ont suivi, j'ai donné mon accord au régisseur pour signer un bail, ce qui s'est fait très rapidement.

Avec le prédécesseur, nous avons évalué la reprise du matériel, des stocks de paille, de foin. J'ai fait faire un devis pour acheter le matériel dont j'aurais besoin : tracteur, charrue, herse, semoir, remorque, mais aussi pelle, pioche, fourche, etc.

Ensuite, rencontre avec le Crédit Agricole pour pouvoir acheter tout ce matériel et… la première désillusion. Le Crédit Agricole de ce secteur voulait bien me faire des prêts, car j'avais des cautions suffisantes et les diplômes agricoles nécessaires, mais leur enveloppe de prêt « jeune agriculteur » avait déjà été distribuée en totalité. À l'époque c'était très intéressant. Donc au lieu d'un prêt à 3,5 %, le banquier m'a proposé un prêt à 7 %, ce qui était inacceptable.

Je suis allé voir un autre Crédit Agricole à 25 km de là où j'ai eu droit au prêt bonifié.

J'ai fait jouer la concurrence entre le Crédit Agricole du département de l'Ain et le Crédit Agricole du Sud-Est. Aujourd'hui, ils ont fusionné, mais je ne suis pas sûr que ce soit à l'avantage des paysans.

L'année 1972 a été une année un peu « *speed* ». Je me suis marié au printemps. Le printemps et l'été étaient bousculés par la préparation de l'installation avec tous les problèmes administratifs. Le 11 novembre 1972, je suis arrivé à midi dans ma nouvelle ferme.

J'avais néanmoins pu prendre possession des terres qui étaient libres quelque temps avant le 11 novembre pour semer le blé et l'orge de l'année suivante.

Mon prédécesseur avait un troupeau de laitières dans des étables rudimentaires. De ce fait, j'ai décidé de ne pas reprendre le troupeau de laitières. Il faut dire que je commençais à bien maîtriser l'élevage des veaux, car j'étais resté plus d'une année à la coopérative de la nurserie des Dombes.

Mon premier travail lors de mon arrivée sur cette ferme a consisté en la transformation de l'étable de laitières en étable pour les veaux. Début janvier, j'ai reçu mon premier troupeau de 150 veaux.

Pendant la première année d'installation sur cette ferme, ma femme, Martine, a continué d'exercer son métier à 25 km. Elle partait le matin et rentrait le soir. Elle m'apportait aussi une aide précieuse pour la comptabilité.

À la naissance de notre premier enfant, Caroline, en mars 1973, ma femme a repris le travail pendant quelques mois. C'était une voisine qui gardait notre bébé. Très vite, nous avons compris que ce n'était plus possible de gérer la ferme, le bébé tout en ayant un emploi à l'extérieur. Ma femme a donc quitté son travail. Et nous avons créé un élevage supplémentaire de 2500 poulets de chair dans les anciennes granges de la ferme pour compenser cette perte de revenus.

Je peux dire aujourd'hui, avec le recul, que j'étais vraiment devenu « un exploitant agricole sur une exploitation agricole » en croyant sincèrement à ce modèle économique de l'agriculture chimique industrielle. Il est vrai que l'on était dans les Trente Glorieuses, et que chaque fois que l'on mettait un engrais supplémentaire, on avait un rendement supplémentaire. Chaque fois qu'on utilisait un pesticide supplémentaire, notre rendement s'améliorait. Chaque fois qu'on donnait un antibiotique supplémentaire à nos animaux, on obtenait de meilleures performances.

Il est vrai qu'à cette époque-là, j'étais loin d'être le paysan que je suis devenu par la suite.

On ne se posait pas de question sur la qualité de notre environnement ni sur l'impact sur notre santé, puisque ces produits étaient en vente libre. On faisait confiance à cette science sans trop s'interroger. Le rendement qui s'améliorerait d'année en année nous rendait même fiers. On se disait compétent. On avait un seul paramètre en tête : le niveau du rendement, et on ne voyait pas tout ce que l'on détruisait par la même occasion. Je peux même dire qu'à cette période-là on avait des revenus, beaucoup de revenus. Je me souviens même qu'en 1974 j'ai acheté une voiture neuve, une R12, tout en remboursant les prêts que j'avais faits pour m'installer.

À cette époque, mes engagements professionnels étaient limités au strict minimum vu le travail qu'on avait sur la ferme.

ACHAT DE LA FERME DE MES PARENTS ET CRÉATION DU GAEC[3].

En 1975, lors d'un repas familial chez mes parents, mon père nous informa que le propriétaire de sa ferme lui avait annoncé qu'il avait l'intention de la vendre. Je demandai alors à mon père s'il pensait l'acheter ou non. Je savais qu'il avait un bail emphytéotique jusqu'à sa retraite et que, même en cas de changement de propriétaire, il resterait dans les lieux. Sa réponse étant non je ne l'achetai pas, j'achèterais juste un bout de terrain à côté pour construire ma maison. Comme tous ses enfants avaient du travail, il ne pensait pas que l'on pouvait être intéressé par la reprise de la ferme. C'est alors que mon frère Gabriel posa la question de la reprendre à la surprise de tous. À cette époque-là, Gabriel était professeur de MFR (Maison Familiale Rurale). Il aurait pu progresser facilement dans son plan de carrière. Mon père avait encore environ une dizaine d'années de travail à effectuer avant sa retraite. Il était donc difficile d'envisager une association entre mon père et

[3] Le groupement agricole d'exploitation en commun, communément appelé GAEC créé par La Loi du 8 août 1962 a été conçu à l'origine pour permettre l'exercice en commun de l'agriculture dans des conditions comparables à celles existant dans les exploitations de caractère familial. Les associés, comme dans toute société, ont des droits et des obligations. Dans un GAEC, ils ont l'obligation de participer effectivement au travail en commun. Le GAEC est autorisé à vendre le fruit du travail des associés. En contrepartie de ce travail, les associés perçoivent une rémunération, mais n'ont pas le statut de salarié. Ils sont toujours travailleurs indépendants.

mon frère, car la ferme aurait eu des difficultés pour sortir les deux salaires. N'oublions pas que cela se situe juste à la fin des Trente Glorieuses. Nous venions de subir la première crise pétrolière de 1973, et la crise 1976 faisait jour.

C'est à ce moment-là que l'on se mit à réfléchir sur la création d'un GAEC qui, en réunissant nos 2 fermes, celle de mon père et la mienne, permettait de créer un nouvel emploi pour mon frère.

Après beaucoup de réflexions et des études prévisionnelles, le GAEC fut créé le 1er septembre 1976. Les deux fermes étaient pourtant distantes de 23 km. Le lieu-dit de cette ferme s'appelle « la Brosse ». Le « GAEC de la Brosse » est né.

Mon frère Gabriel ayant arrêté son travail de moniteur de Maison Familiale en juin après la fin des cours, nous a rejoints sur le GAEC tout fraîchement créé qui réunissait la ferme de mon père et la mienne.

L'organisation du travail a dû évoluer, car il y avait une personne de plus. Donc la première décision a été d'augmenter le troupeau de laitières qui se trouvait sur la ferme de mon père. Quant à moi, sur ma ferme je continuais à faire l'atelier de veaux et de poulets. Il s'est ajouté tout l'élevage de génisses pour le renouvellement du troupeau de laitières. Chaque associé avait un rôle bien défini. Mon père avait la responsabilité des vaches laitières, mon frère celle de l'alimentation des laitières et des assolements des terrains ainsi que la comptabilité de la ferme qui lui revenait tout naturellement, car en Maison Familiale il était professeur d'économie. Quant à moi, j'avais la responsabilité des veaux, des poulets, des génisses et des cultures.

1976 fut aussi la naissance de notre deuxième enfant Sylvain qui deviendra paysan et prendra plus tard la suite de la ferme.

On ne peut pas parler de 1976 sans évoquer la sécheresse. Dès le début du mois de mai, on avait observé des températures inhabituelles pour l'époque, entre 25°C et 30°C en juin, entre 30°C et 35°C en juillet, entre 35°C et 40°C en août.

Avec un déficit en pluie de 46 % sur toute la France, le printemps 1976 était le deuxième printemps le plus sec du XXe siècle après celui de 1959.

On constatait réellement l'évolution du changement climatique, bien que les sols ne furent pas aussi secs qu'ils ont pu l'être lors de certains printemps postérieurs (2003, 2006, 2007, 2010, 2011, 2012, 2014, 2017 et 2018 notamment).

Dès le mois de mai, les agriculteurs constataient le déficit pluviométrique et en redoutaient l'impact sur les cultures. Dans son édition des 13 et 14 juin 1976, Le Monde indiquait que la récolte serait inférieure de 20 millions de quintaux aux prévisions les plus optimistes. Le même journal a fait état le 16 juin de l'augmentation du prix du kilo de tomates de 4,30 francs à 7,20 francs en une semaine.

La sécheresse compromettait les récoltes agricoles, notamment les cultures de maïs et les prés qui n'étaient plus verts, mais rouges. Par conséquent, les bovins, porcins, etc. n'avaient plus suffisamment à manger.

Le gouvernement a décidé le 17 juin d'une aide de 50 millions de francs destinée aux départements qui manquaient d'eau, et de 146 millions de francs destinés aux éleveurs.

Alors que la sécheresse était maximale, le 21 août 1976, Valéry Giscard d'Estaing, Président de la République, a évoqué la possibilité de lever un impôt exceptionnel. La mesure s'est concrétisée le 25 août par une aide de 2,2 milliards de francs, financée par une majoration de 10 % de l'impôt sur le revenu au-dessus d'un seuil défini. C'est notamment cette augmentation des prélèvements qui a conduit à la démission de Jacques Chirac de son poste de Premier ministre.

Nous paysans à la base, nous aurions préféré voir pleuvoir plutôt que d'être obligés d'attendre d'hypothétiques aides de l'État. Même si elles ont été les bienvenues, nous étions tellement angoissés qu'il m'est arrivé plusieurs fois de me lever la nuit pour voir s'il pleuvait ou non. Imaginez le bonheur du premier orage fin août… Cependant, les dégâts étaient déjà bien présents. À partir de ce moment-là, la pluie n'a cessé de tomber pendant pratiquement un an. Aussi, l'année 1977 a été bien pire que 1976 à cause de son excès d'humidité. Cette fois-ci sans aide de l'État !!! La récolte de maïs de 1976 dut se faire avec une moissonneuse-batteuse à chenille.

J'ai participé une nouvelle fois au grand rassemblement d'été du Larzac. 1976 constitue un nouveau tournant de la lutte sur le plateau du Larzac. Le 28 juin de cette année-là, vingt-deux paysans ont investi le bureau des acquisitions foncières, à l'intérieur même du camp militaire, détruisant une partie des dossiers d'achats. Arrêtés, ils ont été condamnés : cinq d'entre eux ont obtenu de la prison avec sursis, les autres ont passé une quinzaine de jours en prison, dont José Bové ou encore Marizette Tarlier.

Tout naturellement, je devins responsable de la branche agricole du CMR régional (Chrétiens en Monde Rural) en 1976. En 1977 j'ai été élu au Comité National de la branche agricole du CMR.

1977, Achat de la ferme de mes parents en GFA[5] .

La ferme de mes parents avait une superficie de 48 hectares. Mon père, étant à 10 ans de la retraite, n'avait pas l'intention de l'acheter. De toute façon, il n'aurait pas eu droit au prêt.

---

[5] Un groupement foncier agricole (GFA) est une société civile spécifique à l'agriculture proche des SCI (Société Civile Immobilière). Elle a été créée dans les années 1970 pour favoriser la transmission des exploitations familiales en favorisant la transmission de parts plutôt que du patrimoine.
Le GFA est la manifestation des tentatives des pouvoirs publics de favoriser l'investissement dans l'agriculture ainsi que d'éviter l'émiettement des exploitations. Il permet de créer ou de conserver les exploitations. Aujourd'hui il est surtout utilisé pour conserver un patrimoine foncier agricole en vue de sa transmission. Il permet d'éviter l'écueil des attributions préférentielles des SAFER et du syndicat FNSEA.

Nous avons réfléchi sous quelle forme nous pourrions bien l'acheter, cette ferme. À l'époque, on avait un notaire de très bon conseil. Il était Président National des Notaires Ruraux de France et avait participé au projet de loi sur la création des GFA.

Nous avons donc créé le GFA qui portait le nom de « GFA de la brosse ». Le GFA achetait le terrain de la ferme. J'apportais 50 % des financements et mon frère apportait les autres 50 % avec un prêt au Crédit Agricole d'une durée de 30 ans qui s'est terminé l'année de ma retraite.

La maison d'habitation a été achetée par mes parents, ainsi qu'une parcelle de 8000 mètres carrés, car ils avaient l'intention de construire une maison pour prendre leur retraite, chose qui n'a jamais été réalisée. Ils sont restés dans cette ferme jusqu'à la fin de leur vie.

Les bâtiments d'exploitation ont été achetés par le GAEC créé l'année précédente.

LES ANNÉES DE “CROISIÈRE ET FAMILIALES”.

J'appellerais bien la période de 1978 à 1985, date de départ à la retraite de mon père : les années de « croisière et familiales ».

Effectivement sur la ferme qui était devenue plus grande avec la création du GAEC, nous étions trois hommes à travailler, chacun ayant sa spécialité. Et c'est vrai qu'à partir de ce moment-là le travail est devenu plus facile, car à plusieurs nous sommes plus intelligents que tout seuls. Si l'on rencontre un problème, il est plus facile de le résoudre !

La force de travail est démultipliée. La ferme était rentable. **Les rendements du troupeau laitier étaient plus que corrects. Les rendements des cultures étaient bons, voire très bons**. Il n'y avait pas de problème météorologique dévastateur, si l'on fait exception de l'année 1983 qui fut très humide. Dans notre région des Dombes, l'humidité est un autre fléau.

À ma grande surprise, l'entente entre mon père, mon frère et moi se passait pour le mieux. Il est vrai que l'on s'était mis des règles. Chacun était vraiment responsable de son domaine. Il n'y avait aucune critique des décisions que l'on prenait. On se faisait confiance.

Mais c'est durant cette période-là que l'on a détruit le plus de haies sur la ferme. Le matériel devenant de plus en plus gros, il fallait joindre une parcelle à une autre. Et à cette époque-là, nous n'avions pas conscience de détruire toute la biodiversité. C'est seulement quelques années plus tard que l'on a pu constater les dégâts de nos pratiques. Mais tous ces changements de pratiques, je les évoquerai plus tard.

Ces années-là furent aussi les années familiales. En effet, nous avions déjà eu Caroline en 1973 et Sylvain en 1976. En 1979 Thomas est arrivé, suivi de Mathieu en 1981 et de Clotilde en 1983. Avec l'arrivée des enfants, une organisation familiale dut voir le jour.

J'ai dit que dans mon enfance j'avais participé au club « Cœurs Vaillants ». J'avais lu les journaux et notamment « Fripounet et Marisette » avec la bande dessinée « Sylvain et Sylvette ». Martine, ma femme, les avait lus également. Ma femme et moi étions convaincus de l'importance des clubs d'enfants pour leur épanouissement. C'est à ce moment-là que ma femme a créé, sur notre commune, le club ACE (Action Catholique des Enfants) qui s'appelait autrefois l'association des « Cœurs Vaillants et Âmes Vaillantes de France ».

L'ACE est une association loi 1901 reconnue d'éducation populaire. Elle rassemble partout en France les enfants de 6 à 15 ans, quels que soient leur culture, leur milieu social et leur religion. En groupes de copains, accompagnés par des adultes attentifs à ce qu'ils vivent et disent, les enfants jouent, discutent et mènent des projets communs. À l'ACE, ils expérimentent une vie fondée sur des valeurs humaines qui leur permettent de se construire et de devenir acteurs et citoyens.

À l'ACE, nous croyons que les enfants sont des personnes à part entière, capables de s'exprimer, de prendre des responsabilités et de construire le monde de demain.

Chaque tranche d'âge porte un nom :

— Perlin : entre 6 et 8 ans

— Fripounet : entre 9 et 11 ans

— Triolo : entre 11 et 13 ans

— Top-Ado : entre 13 et 15 ans.

« Dans les années 1920 en France, les « patronages » regroupent de nombreux enfants catholiques de milieux populaires. Le mouvement prend de l'ampleur à travers le pays, sans coordination nationale.

À partir de la création du journal « Cœurs Vaillants » le 8 décembre 1929 où sont publiées « Les Aventures de Tintin de Hergé », les lecteurs se regroupent autour du journal. En 1936 se crée un grand mouvement d'enfants. Un autre journal, « Âmes vaillantes », est fondé le 8 décembre 1938, et le mouvement devient « Cœurs vaillants-Âmes vaillantes ». À partir de novembre 1945 le journal « Fripounet et Marisette », destiné aux enfants de 8 à 12 ans deviendra simplement « Fripounet ». En

1969, il est édité.

Le premier rassemblement national des « Cœurs Vaillants » a lieu en 1953 à Pontoise. En octobre 1956 naît le journal « Perlin et Pinpin », destiné aux enfants de 6 à 8 ans. »[6]

Difficultés naissantes avec ma propriétaire.

En 1981, ma propriétaire était dans une rage folle quand elle a appris l'élection de François Mitterrand. En guise de représailles, elle a décidé de gérer elle-même ses biens et de donner congé à son régisseur qui m'avait loué la ferme. À partir de cette date, je n'avais plus à traiter avec le régisseur, mais avec la propriétaire.

Sa première action a été de vouloir faire un état des lieux de la ferme. J'ai refusé, car cela ne serait un état des lieux ni d'entrée ni de sortie. Je ne voulais pas qu'il soit contradictoire. Elle est venue malgré cela avec un huissier. Elle est rentrée dans les bâtiments d'habitation et d'exploitation. Ils ont visité tous les terrains de la ferme. Ce jour-là je n'avais aucun moyen juridique de les empêcher de pénétrer chez nous, car elle était la propriétaire.

Environ un mois plus tard, un coup de téléphone de l'huissier m'informa qu'ils allaient recommencer l'opération. Comme j'avais pris le temps de me

[6] *Source : https://fr.wikipedia.org/wiki/Action_catholique_des_enfants*

renseigner sur mes droits, j'ai signalé à l'huissier que s'il pénétrait dans la maison d'habitation, je porterais plainte pour atteinte à la vie privée. Je me souviens encore 40 ans plus tard de l'arrivée de la propriétaire qui était dans une colère insupportable et phénoménale. Ils ont visité les bâtiments de la ferme, pour voir si je les entretenais « en bon père de famille », propos tenus par cette femme !

Deux mois plus tard, nouveau coup de téléphone de l'huissier pour venir contrôler ce que je faisais dans mes bâtiments d'élevage… Là, la réponse a été très claire « si vous rentrez dans les bâtiments d'élevage sans avoir une tenue aseptisée antibactérienne et que j'ai un problème sanitaire par la suite, je saurai à qui m'adresser ».

Je compris plus tard le pourquoi de cette intimidation. La propriétaire avait l'intention de me faire partir de la ferme afin de la transformer en ferme piscicole avec la création de nombreux étangs.

Il faut dire que le statut du fermage protège énormément le fermier en place et je n'avais nullement l'intention de partir de cette ferme. J'ai payé régulièrement mes fermages et j'avais 5 enfants en bas âge, j'étais pratiquement intouchable.

Elle a malgré tout continué d'espérer reprendre la ferme. Comme elle n'avait pas de diplôme agricole, elle a décidé d'en passer un pour prouver qu'elle était exploitante agricole. Malgré tous ses efforts, je suis resté dans la ferme dans cette ambiance tendue. Dans le village, des personnes prenaient position pour la propriétaire « car elles ne comprenaient pas pourquoi un propriétaire ne pouvait pas reprendre son bien ». Les paysans, quant à eux, me défendaient, car il fallait impérativement défendre le statut du fermage.

1984 : L'ANNÉE DES CHOCS

Cette année-là, dans une ferme à 2 km de la ferme de mes parents, un drame s'est joué. Un paysan a tué sa femme et sa fille avant de se suicider. Tout le village était sous le choc, car c'était le jour de la fête des classes. À ce moment-là nous n'imaginions pas que cela allait changer le cours de notre propre vie. C'est dans cette ferme que je me suis installé deux ans plus tard.

L'accident chimique.

Cette année-là, en traitant les pucerons sur le blé, j'ai été empoisonné par un insecticide que j'utilisais. Il s'agissait du « DECIS » de la société BAYER.

Effets sur la santé du Décis

H302 - Nocif en cas d'ingestion.
H304 - Peut être mortel en cas d'ingestion et de pénétration dans les voies respiratoires.
H318 - Provoque de graves lésions des yeux.
H332 - Nocif par inhalation.
H335 - Peut irriter les voies respiratoires.
H336 - Peut provoquer somnolence et vertiges.
EUH066 - L'exposition répétée peut provoquer dessèchement ou gerçures de la peau.
H226 - Liquide et vapeurs inflammables.
H410 - Très toxique pour les organismes aquatiques, entraîne des effets néfastes à long terme.

Aujourd'hui, le Décis est interdit d'utilisation pour la culture du blé, mais est encore permis pour traiter les artichauts, le maïs et le sorgho.

Quant à moi, il m'a provoqué une urticaire géante à l'intérieur et à l'extérieur de mon corps. Quand je suis arrivé à l'hôpital, je faisais un œdème de Quincke.

J'ai eu la vie sauve *in extremis,* car à mon arrivée à l'hôpital, je n'avais plus que 5 de tension. Heureusement, j'étais venu à l'hôpital avec le bidon du produit qui m'avait empoisonné. Les urgences de l'hôpital ont téléphoné au centre antipoison de Lyon pour connaître le protocole de soins, car sur le bidon il y avait une tête de mort avec un numéro, ce qui a donné des indications au centre antipoison.

Cela a permis aux soignants de pouvoir me sauver d'une mort certaine, et d'agir très vite sans attendre le résultat de la prise de sang.

Après 2 jours d'hôpital, de retour à la maison, j'étais en pleine forme. Mais, quelques jours plus tard, je me rendis compte que j'avais des séquelles. Très vite, je me suis retrouvé handicapé à vie en devenant impuissant.

Cet empoisonnement ne s'est pas arrêté à ce handicap. Il a aussi affecté deux hormones. La première hormone est celle de la satiété : je n'ai jamais faim ni jamais plus faim. La deuxième hormone est celle qui aide à brûler les graisses dans l'organisme et qui n'est plus présente chez moi.

La médecine ne m'a jamais dit que j'avais des problèmes hormonaux. Je l'ai découvert par hasard, trente-deux ans plus tard, en écoutant un jour à Lyon, le professeur Belpomme qui nous expliquait que les pesticides pouvaient provoquer également des problèmes hormonaux chez les paysans. Et là, d'un seul coup tout s'est éclairé en moi, j'ai compris toutes les difficultés que j'ai vécues depuis mon accident chimique.

Après cet accident, je me suis mis à prendre du poids, et chaque fois que je consultais un médecin, celui-ci me culpabilisait en disant que c'était de ma faute et que je ne faisais pas suffisamment attention à mon régime alimentaire. Dans la réalité, il s'agissait d'un problème hormonal.

Donc j'ai pris du poids, beaucoup de poids, pour arriver en 2003 à peser 135 kg. J'étais donc en obésité morbide. Les conséquences de ce surpoids m'ont conduit directement à l'hôpital avec une crise cardiaque.

Le chirurgien qui devait m'opérer m'a prévenu sans ménagement que si je ne perdais pas immédiatement 50 kg minimum, il me reverrait dans moins de six mois… s'il me revoyait... À partir de ce moment-là, j'ai entamé un régime draconien qui m'a permis de perdre en huit mois 35 kg.

Mais, à la reprise du travail, la perte de poids est devenue de plus en plus difficile, j'ai même repris du poids, car je ne savais toujours pas que j'avais un problème hormonal.

Quand on fait une crise cardiaque, les médecins prescrivent des médicaments à prendre à vie à savoir : des statines, des bêtabloquants, des fluidifiants, des antihypertenseurs, etc.

Je suis devenu un drogué des médicaments. Or médicaments et pesticides, ça ne fait pas bon ménage !

En 2015, je suis parti marcher sur le chemin de Compostelle. Au bout des 1400 km, je me suis senti très fatigué avec une obligation d'arrêter pour quelque temps ce chemin. En rentrant à la maison, j'ai fait faire les analyses de sang et l'on a découvert que j'avais un cancer de la prostate. J'avais commencé ce chemin le 2 mars 2015, le 2 mars 2016, je me retrouvais sur la table d'opération pour une ablation de la prostate.

Voilà le résultat de cette agriculture chimique industrielle dans laquelle les paysans sont les premières victimes.

On parle de l'agriculture conventionnelle alors que l'on devrait parler d'agriculture chimique et industrielle, tout comme on parle de médecine conventionnelle qui correspond à cette médecine qui nous soigne uniquement avec des produits chimiques. Et quand on regarde de plus près, ce sont les mêmes entreprises chimiques qui fabriquent les pesticides, qui empoisonnent les paysans et les consommateurs, que celles qui fabriquent les médicaments pour soigner ces mêmes personnes.

Les médecins qui m'ont soigné ont bien constaté qu'il s'agissait d'une intoxication chimique à cause du pesticide, mais ils ne l'ont jamais affirmé (peut-être pour se protéger d'éventuelles attaques judiciaires du fabricant ?). Pour faire reconnaître officiellement ma maladie auprès de la MSA, il aurait fallu enclencher « une demande en maladie professionnelle » ou porter plainte dans une procédure judiciaire contre le fabricant. Bien que le professeur Belpomme soit persuadé que j'ai été intoxiqué par les pesticides, je n'ai rien engagé pour faire reconnaître mon empoisonnement.

L'utilisation des pesticides et ses conséquences.

Il convient de préciser qu'au début de la chimie en agriculture, les paysans n'étaient pas informés de la dangerosité des molécules qu'ils employaient. Nous faisions confiance aveuglément à la Coopérative qui nous vendait le produit. À aucun moment il ne nous était dit de nous protéger. De même, à l'école d'agriculture, il n'a jamais été fait mention de la dangerosité des produits chimiques. Nous étions simplement avertis qu'il ne fallait ni boire, ni fumer, ni manger pendant le traitement. L'information n'a jamais été donnée, transmise. Aucun port de vêtements ni de masques pour se protéger de ces molécules n'a été préconisé.

Je me souviens très bien que pour désherber le blé nous employions un herbicide appelé le **Colorant nitré** (dérivés du phénol et du dinitrophénol). Dérivé du benzène, ce groupe comprend des molécules toxiques pour les animaux (insecticides) et les végétaux. Il est de couleur jaune. Il a été très utilisé contre une large gamme de dicotylédones au stade plantule, pour la protection des céréales en traitement de post-levée. C'est un herbicide de contact à action rapide entraînant des nécroses sur les tissus qui se dessèchent et meurent. Il agit sur les membranes cellulaires qu'il perméabilise aux ions H^+, abaissant fortement le pH des cellules. Il ne se déplace pas dans la plante, seules les parties touchées seront affectées par l'herbicide par l'apparition de brûlures au point d'impact. Il est **dangereux pour l'homme et l'environnement** à cause de sa toxicité élevée. Le DNOC, à l'état sec, présente de plus des risques d'explosion. Les colorants nitrés sont actuellement remplacés par des produits plus sélectifs.

On versait 5 kg d'herbicide sous forme de poudre jaune (dose pour un ha) dans un seau rempli d'eau et il fallait faire dissoudre cette poudre. Au début on prenait un bâton pour remuer la préparation, mais, comme il restait toujours des grumeaux et que la dissolution se faisait mal, on relevait les manches et on plongeait les mains dans « la sauce ». On écrasait tous les grumeaux un par un pour que le mélange soit bien homogène. Ensuite, on le mettait dans le pulvérisateur et on ajoutait la quantité d'eau nécessaire à la pulvérisation. On avait intérêt à ce que la dissolution soit parfaite, car sinon les buses se bouchaient et on était obligé de les déboucher. Pour les déboucher, on les prenait dans la bouche et on soufflait par l'orifice de la buse. À aucun moment les vendeurs de la coopérative, ni les professeurs qui nous enseignaient notre futur métier, ni les maîtres de stage ne nous ont mis en garde contre ces pratiques. Bien au contraire, nous ne faisions que répéter ce que l'on voyait faire par nos maîtres de stage.

Je pense que tous les paysans, à cette époque-là, ne savaient pas que ces molécules chimiques pouvaient entraîner de graves problèmes de santé chez eux, puisqu'elles étaient en vente libre à la coopérative. On était sûr que c'était efficace pour la récolte à protéger. On pensait que, pour l'homme, c'était inoffensif. Ce sont les arguments de vente qui nous étaient fournis.

On voyait bien des têtes de mort sur les bidons, mais ce n'était pas pour nous protéger. Pour nous, cela voulait, simplement dire qu'il ne fallait pas consommer ce produit. Cette attitude a commencé à l'arrivée de la chimie en agriculture dans les années 1950 et a duré environ jusqu'à l'an 2000 où seulement, est apparue une nouvelle inscription sur les étiquettes. Les vendeurs, à partir de ce moment, nous ont informés qu'il fallait prendre des précautions.

Il a fallu attendre le Grenelle de l'environnement de 2007 pour commencer à parler sérieusement de la mise en place des programmes tels que « phyto mieux » en 2009.

Le plan national Ecophyto 2018 s'intègre dans le « paquet pesticides » qui a été adopté par le Parlement européen en 2009. La France a mis neuf ans pour se mettre en règle vis-à-vis de l'Europe…

En France, l'obtention d'un certificat appelé Certiphyto est devenue obligatoire à partir de 2015. Pour le paysan utilisateur et les vendeurs de ces produits, il sera valide pendant 5 ans.

Quant à moi, j'ai commencé à changer d'attitude vis-à-vis de la chimie dans les années qui ont suivi mon empoisonnement.

Nous avons été amenés à changer le matériel et notamment le pulvérisateur qui était un outil de la CUMA (Coopérative d'Utilisation de Matériel Agricole). J'ai exigé que ce pulvérisateur soit électronique avec des buses en céramique antidérive et un système de brassage efficace pour ne plus toucher les produits avec les mains. Il était également équipé d'une deuxième cuve avec de l'eau propre pour se laver les mains immédiatement, avant de remonter dans la cabine du tracteur. Nous avons également acheté un tracteur pour conduire ce pulvérisateur. Le tracteur était équipé d'une cabine hermétique pressurisée et ventilée à travers un filtre à charbon actif qui était changé régulièrement.

Mais le plus grand changement a été un changement d'attitude vis-à-vis de l'utilisation des produits chimiques de synthèse en les remplaçant par de nouvelles méthodes agroécologiques (expliquées plus tard).

Révélation de mon empoisonnement bien des années plus tard.

Je peux dire que **mon empoisonnement de 1984 n'a été connu par personne, car je n'en ai jamais parlé à qui que ce soit, ni à la famille ni aux collègues de travail.** J'étais un paysan taiseux sur ce sujet.

Il a fallu attendre 2008 pour que j'en parle pour la première fois en public. Je me souviens très bien de ce jour-là, à la sortie du livre de François Veillerette et Fabrice Nicolino « *Pesticides, révélations sur un scandale français* ». Le maire de Chaussan dans les Monts du Lyonnais, une commune arboricole, a décidé de faire venir François Veillerette pour parler de son livre, mais la FDSEA (Fédération Départementale des Syndicats d'Exploitants Agricoles) et la Chambre d'Agriculture du Rhône n'étaient pas du tout d'accord que se tienne une telle réunion. Elles estimaient qu'une telle réunion était à sens unique et ne respectait pas les agriculteurs conventionnels ; elles l'ont fait savoir à Monsieur le Maire qui leur répondit : « Je vais diviser la réunion en trois parties : la première, en proposant aux représentants de la FDSEA d'inviter qui ils veulent, la deuxième sera l'intervention de François Veillerette et la troisième sera assurée, pour la conclusion, par un agriculteur qui a fait beaucoup de changements sur sa ferme sans pour cela passer en bio. Chaque partie durera 1h ».

Cette réunion a réuni une quarantaine de paysans et paysannes de la commune.

La première partie de 14h à 15h, sur invitation de la FDSEA et de la Chambre d'Agriculture, a été animée par une responsable de **L'Union des Industries de la Protection des Plantes (UIPP)** [7].

Cette personne dans son intervention nous dit purement et simplement les pesticides étaient énormément contrôlés, qu'ils étaient sans danger pour l'homme, qu'on aurait pratiquement pu les boire. À ma grande surprise, les personnes présentes à cette rencontrc n'ont pas réagi à de tels propos.

---

[7] (UIPP) est une organisation professionnelle française et un lobby regroupant les entreprises qui commercialisent en France les pesticides (y compris pour les jardins et espaces verts).
Au plan international, l'UIPP est membre de *l'European Crop Protection Association* (ECPA) ou « Association européenne de protection des plantes », et est rattachée, par l'intermédiaire de l'ECPA, à *Crop life international*, association qui rassemble l'industrie phytopharmaceutique au niveau mondial.

La deuxième partie de 15 h à 16 h était animée par François Veillerette. Il nous a fait un exposé magistral avec un PowerPoint. Il nous a expliqué comment il avait mené l'enquête avec Fabrice Nicolino pour l'écriture du livre « P*esticides, révélations sur un scandale français* », mais n'est pas revenu sur les déclarations de la personne de UIPP.

Pour la troisième partie de 16 à 17 h, le Maire m'avait demandé d'intervenir pour présenter les alternatives que j'avais mises en place sur ma ferme (présentées plus loin). Après avoir commencé à expliquer les alternatives à cette agriculture chimique et industrielle ainsi que ses nuisances, je ne pouvais pas laisser sous silence l'affirmation de la première personne qui disait : « *les pesticides sont sans danger pour l'homme, qu'on pourrait pratiquement les boire* ». Pour moi, de tels propos étaient criminels.

Malgré la peur qui m'habitait, j'ai dévoilé pour la première fois en public mon empoisonnement et ses conséquences, persuadé que dans la salle il y aurait des railleries ou des commentaires désobligeants au sujet de mon impuissance. Mais rien de tout cela. Bien au contraire, la salle est restée silencieuse et j'ai senti beaucoup de compassion. Pour la première fois de ma vie, j'étais reconnu comme une victime, par des paysans et des paysannes comme moi. À la fin de mon intervention, il y a eu un tonnerre d'applaudissements alors que le public n'avait pas applaudi les deux autres intervenants.

Cette rencontre s'est achevée avec le verre de l'amitié, offert par la mairie. À ce moment-là, un jeune agriculteur d'une quarantaine d'années m'a pris le bras et m'a entraîné dehors. En me regardant bien dans les yeux, il m'a dit : « *ce qui t'est arrivé, tu n'es pas le seul* ».

À partir de ce moment-là, j'ai décidé de le faire savoir chaque fois que je serais amené à faire une conférence, un débat public ou une table ronde. Je le redis sans cesse. J'ai même pu témoigner dans le film « *Tous cobayes* » de Jean-Paul Jaud. J'ai également pu m'exprimer à la télévision sur France 3 et c'est de cette façon-là que mes enfants l'ont appris. Quand ils m'ont dit qu'il m'avait vu à la télévision, j'ai tout de suite compris que j'aurais dû leur en parler avant. Cela a au moins permis d'avoir une franche discussion. J'ai ressenti beaucoup d'amour de leur part.

1985. Achat d'une nouvelle ferme à Saint-Trivier-sur-Moignans.

La ferme située à 2 km de celle de mes parents s'est trouvée libre à la vente suite au suicide du paysan qui avait assassiné sa femme et sa fille. J'ai rencontré la SAFER pour évaluer avec eux la faisabilité de l'achat de cette ferme. Au total la transaction s'élevait à 1.160.000 F (176 840 €). En euros constants cela représenterait 340 400 € aujourd'hui.

Par cette opération, on perdait de la surface, car la ferme de Versailleux avait une superficie de 38 hectares alors que cette nouvelle ferme à Saint-Trivier n'avait que 23 hectares. Cette différence de 15 hectares nous a fait beaucoup hésiter pour réaliser ce projet.

Vis-à-vis de la SAFER, j'étais un candidat qui devenait prioritaire :

— on réunissait ces deux fermes à 2 km l'une de l'autre alors que l'autre ferme était distante de 23 km ;

— je laissais libre une ferme sur laquelle un jeune agriculteur pouvait dorénavant s'installer ;

— nous étions encore jeunes agriculteurs. J'avais à l'époque 38 ans et mon frère 34 ans.

Cette ferme comprend : un bâtiment d'habitation, une porcherie divisée en trois bâtiments, un hangar, une étable ainsi que 23 hectares de terrain.

Il ne nous restait plus qu'à trouver l'argent et faire un montage financier cohérent, ce qui n'était pas une mince affaire. Nous avons décidé de partager cette ferme en trois entités à peu près égales :

1-Le bâtiment d'habitation avec la cour et le jardin qui représentent 1600 mètres carrés ;

2-Les bâtiments d'exploitation avec les porcheries, le hangar et une étable ;

3-Les 23 hectares de terrain.

Sur le bâtiment d'habitation, il a été décidé que mon épouse et moi devions l'acquérir pour la somme de 350 000 francs (53 357 €). Lors d'un rendez-vous au Crédit Agricole, nous avons été informés que la banque était d'accord pour nous prêter 200 000 francs au taux de 14,65 %. Il faut noter que le taux d'inflation depuis 1973 et jusqu'en 1984 était de plus de 10 % par an et même en 1980 de 14 %. C'est pourquoi les prêts étaient aussi chers. Trois ans plus tard, nous avons pu le renégocier à 8,5 % et cinq ans plus tard nous l'avons soldé.

Il manquait donc 150 000 francs pour concrétiser l'achat de cette ferme.

Nous avons décidé de rencontrer la propriétaire de la ferme de Versailleux pour négocier notre départ avec elle. Nous savions qu'elle voulait nous voir partir, mais nous avions fait des aménagements (création de WC, salle de bain, chauffage central dans le bâtiment d'habitation, et sur la ferme, création de silos, aménagement des étables pour recevoir des veaux ainsi que le drainage d'un certain nombre d'hectares) qui auraient dû être à la charge de la propriétaire. Comme elle avait refusé de les exécuter, nous les avions faits nous-mêmes, à notre charge, car nous ne pouvions pas vivre décemment avec des enfants en bas âge dans un bâtiment où il n'y avait ni WC, ni salle de bain, ni chauffage.

À notre départ, il était évident que la propriétaire devait payer ces aménagements-là. Je lui réclamai alors la somme de 220 000 francs avec les factures à la clé. La propriétaire a reconnu qu'il y avait eu des aménagements, mais a considéré qu'il y avait de la vétusté et n'a proposé que 100 000 francs de dédommagement. Ayant besoin impérativement d'un minimum de 150 000 francs pour acheter la nouvelle ferme, je lui fis savoir que je resterais en place, s'il n'y avait pas un versement d'argent suffisant. Après quelques semaines d'âpres négociations, elle a accepté la proposition et a donné les 150 000 francs. Nous avons finalisé cette négociation par un acte notarié précisant qu'elle était d'accord de me donner cette somme pour payer tous ces aménagements sous la réserve de renonciation du bail que j'avais sur sa ferme. Je devais partir pour le 11 novembre 1986, date à laquelle je recevrais l'argent promis.

C'est le GAEC qui a acheté les bâtiments d'exploitation. Le compte d'exploitation étant favorable, nous n'avons eu aucun problème pour obtenir les prêts. Cela a été aussi facile que si nous voulions renouveler un tracteur grâce à des prêts qui à l'époque étaient subventionnés par l'État avec des taux à moins de 5 %.

Pour l'achat du terrain, nous n'avions pas de possibilité de prêt bancaire. Pour cela nous avons créé un GFA Mutualiste, et nous avons dû trouver des apporteurs de fonds qui voudraient bien investir dans du terrain agricole. À l'époque, internet n'existait pas, les réseaux sociaux non plus et bien évidemment le *Crowdfunding* (financement participatif) encore moins. Nous avons pris notre plume et nous avons envoyé une lettre à tous nos amis, à la famille, aux connaissances, pour les inviter à nous aider à financer cette ferme. Très rapidement nous avons réuni la somme nécessaire pour l'acquisition des terrains de la ferme. Vingt-trois personnes ont apporté des fonds différents dont le plus gros était notre assureur Groupama qui a apporté 45 % de la somme à lui seul (à condition de lui racheter ses parts dans les dix-huit années suivantes).

Aujourd'hui, j'ai racheté l'intégralité des parts des apporteurs de fonds, et mon fils Sylvain a racheté les parts de Groupama, ce qui lui a permis de rentrer comme associé dans le GFA, qui, de mutualiste, est devenu familial.

L'achat de la ferme dans son intégralité a pu être réalisé pendant l'été 1985.

1986, installation dans la nouvelle ferme et mon père prend sa retraite

Nous avons pu nous installer sur la ferme dès le 11 novembre 1985, et même un peu plus tôt sur certaines parcelles qui étaient libres. Cela nous a permis de semer du blé dès cette année-là. Mais je n'ai déménagé réellement que le 11 novembre 1986 et pendant une année nous avons exploité les trois fermes. Organiser le déménagement de la ferme de Versailleux vers la ferme de Saint-Trivier a occasionné un surcroît de travail important, car déménager une ferme c'est autre chose que de déménager un appartement !

Pendant toute la période hivernale 1985-1986, j'ai effacé le drame qui s'était produit dans notre nouvelle ferme en faisant l'intégralité des peintures et tapisseries et en aménageant l'intérieur de l'habitation à notre convenance. Le déménagement de la famille sur la nouvelle ferme a eu lieu le 30 juin 1986, le lendemain de la fermeture de l'école, car nous ne voulions pas changer les enfants en cours d'année scolaire. Le 11 novembre 1986, nous avons rendu les clés à la propriétaire de la ferme de Versailleux, et nous avons touché le chèque qui nous était dû.

À la fin de l'année 1986, le 31 décembre, mon père prit sa retraite bien méritée. Du 1er janvier 1987 jusqu'au mois de mai, il n'a pas remis les pieds sur la ferme, à notre très grande surprise. Il a visiblement voulu faire une vraie coupure entre sa vie professionnelle et sa nouvelle vie de retraité. Un beau jour du mois de mai, on l'a vu un matin vers 5h arriver à la salle de traite en tenue de travail. Il s'est remis au travail comme s'il n'avait jamais arrêté. À partir de ce moment-là, il est revenu travailler pour assurer la traite des vaches tous les matins avec quelques menus travaux sur la ferme, jusqu'en 2003 où il a réellement arrêté le jour de ses 80 ans.

Notre grande surprise a aussi été de voir notre père s'inscrire au club de boules lyonnaises du village. Il participait régulièrement aux entraînements les lundis et jeudis après-midi. Il faisait des compétitions les week-ends et il était souvent dans les premières places ! Or, pendant toute sa vie professionnelle, il n'avait jamais fait la moindre activité sportive.

1986, le plus grand mensonge d'État

L'explosion nucléaire de Tchernobyl le 26 avril 1986 a eu des conséquences incroyables sur la ferme.

Le gouvernement nous a menti en affirmant haut et fort dans tous les médias que le nuage de radioactivité de Tchernobyl ne touchait pas la France et qu'il n'y avait pas lieu de prendre des dispositions particulières. Nous continuions donc notre travail sans nous poser plus de questions en faisant confiance à notre gouvernement.

Mais voilà qu'en 1987, des vaches de notre troupeau laitier ont avorté. Cela a concerné la moitié du troupeau : soit les vaches ont avorté avant terme, soit le veau était mort-né, soit encore ce sont des monstres qui sont nés. Dans le lot nous avons eu deux veaux à cinq pattes.

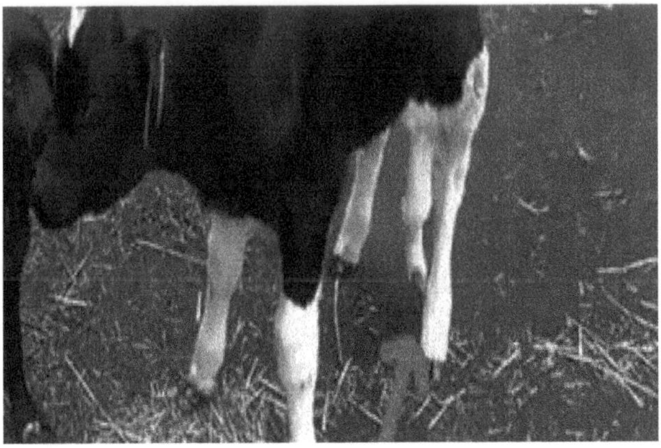

Nous avons également eu un veau à deux têtes, mort-né.

Et le pire de tout..., nous avons eu un veau qui est né sans cuir, un écorché, mais pour celui-là je n'ai pas de photo...

À l'époque nous ne pensions pas du tout que c'était la conséquence du nuage de Tchernobyl. D'une part, les faits s'étaient déroulés un an après l'accident de Tchernobyl, et d'autre part nous étions sûrs que le nuage n'était pas passé sur notre région. On s'interrogeait : « Qu'est-ce qui nous arrive ? Quelle erreur d'alimentation avons-nous faite pour qu'une telle catastrophe se produise sur notre ferme ? ». Nous avons recalculé toutes les rations que l'on donnait à nos vaches, car nous étions sûrs que c'était un problème d'alimentation. On a recalculé tous les oligo-éléments. Les compléments alimentaires ont tous été passés au crible ainsi que les analyses de fourrage. On ne trouvait rien d'anormal. Bien entendu, nous n'avions jamais demandé à rechercher la radioactivité dans le fourrage que l'on donnait à nos animaux. La conséquence économique pour notre ferme a été catastrophique, douloureuse. Cette année-là, pas de veaux à vendre, beaucoup moins de lait produit, car les vaches qui ont avorté produisaient très peu de lait, pas de génisse pour renouveler le troupeau, donc nous étions dans l'obligation d'en acheter ailleurs. Avec des césariennes en série, jamais le vétérinaire ne s'est autant enrichi sur notre ferme.

L'année qui a suivi 1988, tout est revenu à la normale. Comme nous étions les seuls dans le village à avoir des problèmes avec notre bétail, nous étions confortés dans l'idée que c'était un problème d'alimentation. Il a fallu attendre 2002, quinze ans plus tard, pour connaître enfin la vérité !

Un jour, alors que je me rendais chez le médecin pour une consultation, dans la salle d'attente, il y avait la revue « Science et Vie » que j'ai prise et feuilletée pour faire passer le temps. Un article attira mon attention. Il était écrit par la CRIIRAD[8] qui décrivait

---

[8] « La CRIIRAD (Commission de Recherche et d'Information indépendante sur la Radioactivité) est née en mai 1986, au lendemain de la catastrophe de Tchernobyl, à l'initiative d'un groupe de citoyens révoltés par les mensonges officiels et qui souhaitaient connaître la vérité sur la contamination réelle du

en détail le parcours du nuage de Tchernobyl. Dans cet article, il y avait une carte de France coupée en quatre zones. Comme vous pouvez le constater sur la carte jointe, le département de l'Ain était en rouge foncé.

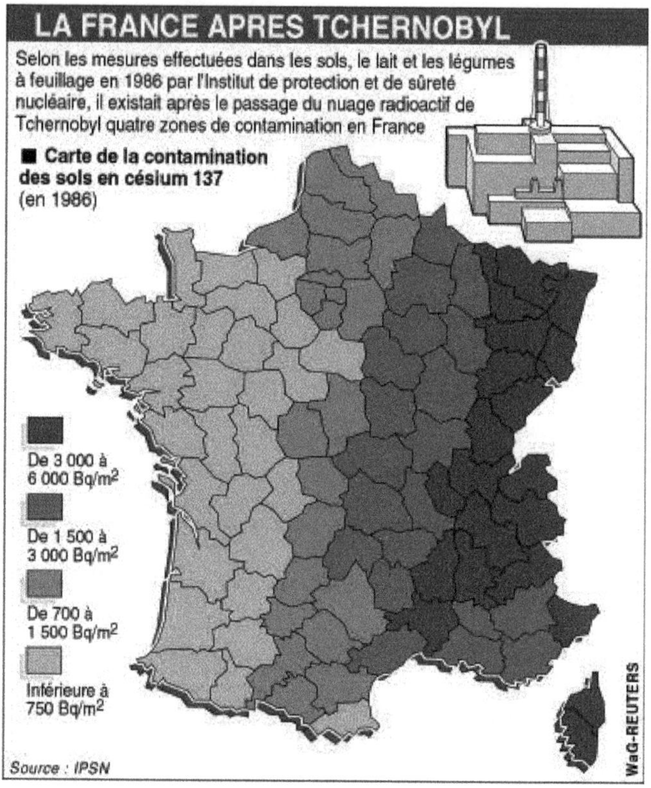

©REUTERS, source : IPSN

territoire français. La CRIIRAD est une association indépendante de l'État, des exploitants du nucléaire, et de tout parti politique. La CRIIRAD existe grâce au soutien moral et financier de quelques milliers d'adhérents. Elle possède son propre laboratoire d'analyses.

Elle mène ses propres investigations, informe le public et les médias. Si nécessaire, elle interpelle les responsables et les pouvoirs publics, engage des actions en justice et contribue ainsi à faire évoluer la réglementation en vigueur. » *Source : https://www.criirad.org/association/association.html*

Les trajectoires des panaches radioactifs et la pluviosité des cinq premiers jours de mai 1986 ont été déterminantes. La contamination du sol devait en effet dépendre du temps de présence des panaches radioactifs et de l'intensité de la pluie qui augmente considérablement les dépôts en lessivant les masses d'air contaminées.

Sur notre ferme, les facteurs pénalisants se sont conjugués : arrivée des masses d'air contaminées dès le 29 avril, reflux par le sud-est vers le 5 mai seulement et présence de nombreux épisodes pluvieux. Cette année-là nous étions les derniers de la CUMA à avoir ramassé l'herbe. Nous avions ensilé l'herbe chez les voisins la dernière semaine d'avril et nous devions ensiler chez nous tout début mai. Mais la pluie était arrivée. Nous avons dû reporter l'ensilage au 7 mai (j'ai retrouvé la date de l'ensilage de cette année-là grâce aux factures de la CUMA, quinze ans plus tard, je ne pouvais pas m'en souvenir). Pendant toute cette semaine-là, les Becquerel sont tombés sur notre herbe. C'est pourquoi sur la commune nous avons été les seuls à être contaminés aussi fortement, car les autres paysans avaient ramassé l'herbe avant l'arrivée du nuage.

Une autre raison qui fait que l'on ne pensait pas que le nuage nous avait contaminés, c'est que la catastrophe sanitaire sur nos animaux n'est arrivée qu'en 1987. Cela s'explique très bien, car nos vaches ont mangé de l'herbe en pâturages pollués tout l'été 1986 après cette explosion nucléaire de Tchernobyl.

Quand est arrivé l'automne, moment où l'on faisait inséminer nos vaches, nous avons ouvert le silo. Pendant tout l'hiver et le printemps 1987, elles ont mangé cette herbe polluée. Il n'est donc pas étonnant que l'on ait eu tous ces problèmes. Chez nos voisins, dont les vaches ont certes pâturé l'herbe polluée pendant l'été 86, les silos ont été ouverts, mais le contenu était sain. Ils n'ont donc pas eu les mêmes problèmes que nous.

« Peu avant la catastrophe de Tchernobyl, l'Europe recommandait d'interdire, en cas d'accident, les aliments dont la consommation risquait d'entraîner le dépassement des limites fondamentales de dose fixées par les directives de 1980 et 1984... Concernant les dépôts de radioactivité sur les pâturages qui permettent de prévoir le niveau de contamination du lait : dès lors que ces limites sont dépassées, il faut recommander aux éleveurs de rentrer le bétail, et, si cela est impossible, interdire la commercialisation du lait, car sa consommation entraînerait le dépassement de la limite de dose à la thyroïde. » (source : Les preuves du mensonge Corinne Castanier, directrice de la CRIIRAD)

TROISIÈME PARTIE

De l'exploitant agricole au paysan

MISE EN PLACE DES ALTERNATIVES À L'AGRICULTURE CHIMIQUE ET INDUSTRIELLE

À la suite de mon intoxication chimique et jusqu'à ma retraite, j'ai mis en place un certain nombre d'alternatives à cette agriculture chimique et industrielle qui empoisonne la nature, les consommateurs, mais en premier lieu les paysans qui sont les premières victimes. Il est vrai qu'après mon empoisonnement, j'aurais souhaité passer directement en agriculture biologique. Comme nous étions en train d'acheter la ferme et qu'il y avait une porcherie de type industriel dessus, j'étais dans l'obligation financière de continuer de travailler sous cette forme d'agriculture chimique industrielle. Il fallait continuer de rembourser le prêt du Crédit Agricole, et, notamment cette porcherie qui n'était pas de notre volonté puisque c'était notre prédécesseur qui l'avait construite.

À partir de ces années-là, nous avons commencé à réfléchir sur les solutions qui s'offraient à nous pour diminuer drastiquement les engrais chimiques, les pesticides, les antibiotiques et tout ce qui fait le fleuron de cette agriculture-là.

Le jour où je suis passé du statut d'exploitant agricole au statut de paysan.

À la fin des années 80, je suis allé chez mon oncle Lucien qui avait repris la ferme de mes grands-parents maternels à Saint-Romain-de-Popey où j'allais fréquemment pendant mes jeunes années pour rendre visite à mes grands-parents. La ferme était plutôt bourgeoise, elle possédait même un clocher. Enfants, nous jouions souvent dedans. Ce jour-là, mon oncle m'a informé qu'il allait démolir le clocher, car il commençait à avoir de nombreuses gouttières. Il était beaucoup plus coûteux de réparer le clocher que de le démonter. Je lui ai demandé l'autorisation de monter une dernière fois dans ce clocher, comme pour une sorte de pèlerinage afin de me souvenir de tous les bons moments passés à jouer dedans avec mes cousins et les petits copains voisins de mes grands-parents. J'ai constaté effectivement qu'il y avait de nombreuses gouttières et qu'il fallait faire quelque chose, même si j'aurais préféré que ce clocher soit réparé. Mais ce n'était pas moi qui décidais ou qui payais, donc je n'avais rien à dire. Visiblement il y avait longtemps que personne n'était monté dans ce clocher, les toiles d'araignées l'avaient colonisé. À l'intérieur, il y avait un certain nombre d'objets sans grande valeur : un vieux vélo, un vieux tarare.

Maison de mes grands-parents maternels

Le tarare

Le tarare, « vanneuse ou traquinet » est une machine utilisée lors du vannage. Il permet de remplacer le vannage manuel qui se fait par jour de grand vent avec un van en jetant en l'air les grains pour les séparer des impuretés et des bales (enveloppe des graines). Le tarare tire son nom de la ville de Tarare dans le Rhône où il était fabriqué ; la ferme de mes grands-parents n'était qu'à 9 km de Tarare. Avec les progrès de la mécanisation, le tarare fut intégré dans la batteuse. La séparation du grain des multiples indésirables (poussières, mauvaises graines, bales…) était une première étape. Pour l'utilisation en semences de ces graines, il fallait les trier avec des grilles vibrantes et des alvéoles rotatives. Le calibrage des graines de céréales par le trieur fut, pour le monde agricole, une étape du progrès dans les rendements : c'était un début de sélection massale. Il est encore utilisé aujourd'hui sur notre ferme pour préparer les semences paysannes que nous utilisons.

Dans ce clocher il y avait également deux malles en bois.

Une des malles en bois

Avec la curiosité qui est la mienne, j'ai voulu savoir ce qu'elle pouvait bien renfermer. Par chance, elles n'étaient pas fermées à clé. Je me suis empressé de les ouvrir. Dans la première, il y avait des poupées en porcelaine. Mon oncle me disait que c'étaient les poupées de ma mère et de mes tantes quand elles étaient enfants. Elles étaient merveilleusement bien conservées.

La deuxième malle était remplie de livres, de vieux grimoires pour la plupart du XIXe siècle. Mon oncle me dit que c'étaient les livres de mes grands-parents qui avaient été entreposés là. Je me mis à fouiner, je sortis un livre tout poussiéreux dont le titre était *« Les oiseaux entomophages »*. Je n'avais jamais entendu ce mot. L'entomophagie est la consommation d'insectes. Donc, des oiseaux entomophages sont des oiseaux qui consomment des insectes ; par exemple, l'hirondelle pendant la période où elle nourrit ses petits consomme jusqu'à 8000 moustiques par jour. Par ignorance il y a encore des gens qui détruisent les nids d'hirondelles !

J'ai demandé à mon oncle s'il voulait bien me donner ce livre qui contenait de nombreuses annotations. Il m'a informé que ces annotations avaient été réalisées par mon grand-père maternel. Elles étaient faites au crayon à papier, car à cette époque le Stabilo pour surligner n'existait pas.

Remplacement des insecticides par des oiseaux et des insectes auxiliaires sur la ferme

Comme j'avais été empoisonné par un insecticide, c'est d'abord sur la réduction des insecticides que j'ai commencé à travailler.

Les mésanges bleues « *Cyanistes caeruleus* »

Une fois rentré à la maison, je me suis plongé dans ce livre avec intérêt (internet n'existait pas encore), et je découvris à ma grande surprise que mon grand-père avait utilisé les mésanges bleues pour lutter contre l'altise du cerisier. À l'époque, j'étais producteur de colza et j'avais des altises qui mangeaient les feuilles de mon colza. Donc je me suis intéressé de très près à la mésange bleue en me posant des questions : comment se nourrit-elle ? Où vit-elle ? Comment l'aider à se reproduire ? Il me fallait impérativement trouver toutes les réponses à mes questions pour envisager de pouvoir les utiliser.

« La mésange bleue est facilement identifiable avec sa petite taille, sa forme un peu rondouillarde, ses fines pattes, son minuscule bec, et son joli plumage à dominante de bleu et jaune. La Mésange bleue tire son nom de la couleur bleue de sa chevelure, de ses ailes et de sa queue. Sa tête est remarquable. La face, largement blanche, est barrée de trois traits bleu sombre à noirs, dont deux qui passent par l'œil pour rejoindre la nuque, et un large trait du cou qui forme un collier, qui lui-même borde les joues blanches et rejoint la nuque. Le mâle adulte se distingue à la teinte bleue du plumage plus marquée, surtout à la chevelure. Le bleu de la femelle est plus terne. Le manteau est jaune-vert. Un trait blanc se voit sur l'aile au niveau des grandes couvertures. L'œil est sombre. Bec et pattes sont gris bleuté.

Le juvénile est plus terne que l'adulte. La chevelure est grisâtre, le manteau moins vert. Une teinte jaune envahit le blanc de la tête. Les parties inférieures sont blanchâtres. Le plumage commencera à se colorer dès la mue post-juvénile. »[9]

La mésange bleue est une espèce forestière dont l'optimum écologique est en forêt de feuillus. C'est ainsi qu'on la trouve dans les bosquets, les haies arborées du bocage, les parcs, vergers et jardins, etc. C'est pour cette raison que j'ai planté plus d'un kilomètre et demi de haies composites sur ma ferme, mais je vous en parlerai plus tard. Sa densité peut atteindre entre 2 et 3 couples à l'hectare. Elle côtoie ses consœurs charbonnières (mésange à tête noire).

À la belle saison, la mésange bleue est essentiellement insectivore. Elle est capable de faire 12.000 prélèvements par jour d'insectes ravageurs.

---

[9]Source : https://fr.wikipedia.org/wiki/Mésange_bleue

Mais il ne faut pas déprécier sa consœur, la mésange charbonnière, un peu plus fainéante, car elle ne fait que 8 000 prélèvements par jour, ou le rouge-gorge qui est un petit paresseux, en faisant tout de même 5 000 prélèvements par jour d'insectes ravageurs. Quand on apprend cela, on a un autre regard sur la biodiversité et les êtres qui nous entourent… et l'on devient **le berger des mésanges bleues**.

Les chenilles et les lépidoptères entrent pour une bonne part dans le régime des mésanges bleues, surtout au moment de l'élevage des jeunes. La mésange bleue peut à ce titre jouer un rôle très bénéfique, avec les autres espèces de mésanges, lors des pullulations de ravageurs comme la tordeuse du chêne ou les pucerons. Rappelez-vous, c'est en traitant les pucerons que j'ai été empoisonné… En fait, elle peut s'attaquer à une grande variété de proies invertébrées de petite taille et notamment les ravageurs du colza comme :

— les altises qui sont des coléoptères appartenant à l'ordre des chrysomèles. Généralement toutes petites, d'à peine quelques millimètres, elles sont pourtant très voraces et font beaucoup de dégâts dans les végétaux qu'elles dévorent ;

— le méligèthe, coléoptère de 1,5 à 2,5 mm. Les méligèthes adultes provoquent des dégâts dans le colza en se nourrissant du pollen des boutons floraux avant qu'ils n'éclosent ;

— le charançon des tiges, un coléoptère noir de 3 à 4 mm de long, se caractérise comme tous les charançons par une trompe qui porte les antennes. Les attaques de charançons des tiges se reconnaissent d'abord à la présence de trous de 1 mm de diamètre environ dans la tige qui font dépérir la plante.

Il suffit de trois couples de mésanges à l'hectare pour venir à bout de tous ces ravageurs, et plus besoin d'insecticide chimique ! Les mésanges bleues sont devenues pour moi de vrais « collègues de boulot ».

En saison internuptiale, l'espèce devient nettement granivore et frugivore, tout en continuant à être insectivore en privilégiant des formes de résistance des insectes (œufs, chrysalides). Elle peut causer des dégâts dans les vergers en s'attaquant aux bourgeons et aux fruits, mais cela est largement compensé par sa consommation d'insectes. Des arbres comme les saules et les peupliers jouent pour elle un rôle important. Au moment de l'abondante floraison printanière, les oiseaux prélèvent nectar et pollen ainsi que les insectes venant butiner les chatons. Ils savent aussi boire la sève qui s'écoule des blessures dues aux pics ou à certains insectes. Enfin, en intersaison, ils se nourrissent de nombreuses graines. Pour résumer, on peut dire que les mésanges bleues sont insectivores, frugivores et granivores.

La mésange bleue se reproduit d'avril à juillet. C'est un nicheur cavernicole. Elle construit son nid dans toute cavité de taille convenable, pourvu que son entrée soit suffisamment restreinte pour lui éviter d'être confrontée à des concurrents de plus grande taille comme la charbonnière.

Un trou dans un arbre est le cas le plus fréquent, mais elle peut aussi occuper une cavité rupestre dans une falaise, un mur ou un front de taille de carrière. En fait, toute cavité pouvant contenir son nid peut être choisie, comme des tuyaux, des poteaux creux, des agglos en ciment, etc. Le nid est fait de mousse, d'herbes sèches et autres éléments végétaux, et sa coupe est garnie de poils d'animaux. La ponte est constituée de 9 à 13 œufs dont l'incubation n'excède pas 15 jours. Seule la femelle couve, le mâle s'occupant du ravitaillement. Les jeunes sont nourris par le couple. Leur envol se produit à l'âge de 19-20 jours, mais l'émancipation totale n'intervient qu'au bout de 4 semaines. Une seconde ponte a lieu à la fin du printemps. L'espèce a quelques prédateurs pour ses couvées ou nichées tels que les écureuils et les pics.

La mésange bleue adopte volontiers les nichoirs artificiels. Et la différence des nichoirs pour la mésange bleue et la mésange charbonnière, c'est la grosseur du trou d'entrée. Pour la mésange bleue, le trou doit être de 27 mm et pour la mésange charbonnière, le trou doit être de 32 mm.

Les trichogrammes

Les trichogrammes [10] sont des petites guêpes parasitoïdes qui s'attaquent aux œufs de la pyrale du maïs et de nombreuses espèces de lépidoptères ravageurs. Du fait de leur petite taille (généralement moins de 1 mm de long), les trichogrammes ont une durée de vie limitée (moins de 15 jours). Il faut appliquer les essaims en présence des papillons de pyrale.

Essaim de trichogrammes positionné sur le maïs

Les trichogrammes adultes peuvent se nourrir du miellat de pucerons ou bien du pollen et du nectar des fleurs. Ils ont pour principale activité de chercher à se reproduire. Une fois l'accouplement réalisé, les femelles partent à la recherche active d'œufs du papillon de la pyrale du maïs pour les parasiter. Une fois l'œuf de papillon trouvé, la femelle trichogramme

[10] Photographie de trichogrammes © Victor Fursov CC BY SA 4.0

le pique et y dépose un ou plusieurs œufs en fonction des espèces de trichogrammes et de la taille des œufs de la proie. L'embryon de trichogramme est oophage, en d'autres termes il va se nourrir de l'œuf de papillon et va rapidement tuer son hôte. La petite guêpe « alien » finira son développement par une étape de nymphose pour devenir adulte. Et le cycle recommencera pendant toute la période de végétation du maïs et la présence des pyrales.

Plantation de haie composite sur la ferme.

Avec l'arrivée de la mécanisation en agriculture et le plan Marshall, les haies sont devenues encombrantes. Il a fallu agrandir les parcelles, agrandir les fermes qui sont devenues des exploitations agricoles. Les remembrements ont beaucoup aidé à la disparition des haies champêtres. Cette métamorphose de l'agriculture a commencé à la fin de la Seconde Guerre mondiale et continue encore aujourd'hui. On est rentré dans l'ère du toujours plus gros, toujours plus grand, au détriment de la biodiversité qu'apportent les haies bocagères.

C'est au tout début de mon installation sur la ferme de Saint-Trivier que j'ai arraché quelques bouts de haies pour permettre une circulation plus aisée du matériel. J'ai très vite compris l'utilité indispensable des haies composites. Dans un premier temps, j'ai replanté quelques haies qui forment un coupe-vent et permettent aux animaux d'être abrités. Mais la fonction principale des haies est sans aucun doute d'héberger des insectes et des oiseaux auxiliaires.

Au début des années 2000, l'Europe avec la Politique Agricole Commune, a décidé de subventionner la plantation de haies. À cette période, j'ai profité un maximum des contrats territoriaux d'exploitation. Grâce à cette manne financière, j'ai replanté plus d'un kilomètre et demi de haies. Il était temps d'en profiter un maximum, car ces contrats n'ont pas duré très longtemps, tout au plus un an et demi. Ils ont été très vite arrêtés à cause de la montée en puissance des lobbies de l'agro-industrie.

Les haies que j'ai plantées sur la ferme sont des haies composites. La haie composite est une haie à trois étages.

1. L'étage supérieur et composé d'arbres à haut jet, des chênes (indispensables si l'on veut avoir des mésanges bleues, car sous les écorces des chênes, il y a « la tordeuse du chêne », une chenille de lépidoptère indispensable à la nourriture des oisillons de la mésange), des hêtres, mais aussi des arbres fruitiers de grande taille comme des noyers, des châtaigniers, des cerisiers et bien d'autres espèces locales, car il est toujours agréable de manger des fruits qui sont produits dans la haie. Quand la haie est au bord d'un chemin, des randonneurs peuvent facilement se servir. Moi, je n'y vois pas d'inconvénient, c'est ce que j'estime être la dimension sociale que doit apporter le

paysan à la société. Effectivement, j'utilise les insectes et les oiseaux auxiliaires qui ne m'appartiennent pas, et c'est ma façon de renvoyer l'ascenseur. Je mets également des acacias, car ils apportent un merveilleux nectar pour les abeilles et tous les insectes pollinisateurs qui trouvent ainsi leur nourriture. Tous les 18 à 20 ans, nous coupons les plus belles branches pour en faire des piquets indispensables sur une ferme où il y a un troupeau de bovins.

2. L'étage intermédiaire est composé d'un grand nombre de variétés différentes d'arbustes à baies qui vont donner leurs baies entre le mois d'octobre et début mars pour permettre la nourriture des oiseaux auxiliaires pendant tout l'hiver. Dans les arbustes, je mets également quelques noisetiers, car c'est toujours agréable de cueillir des noisettes. Les noisetiers font également de très beaux bâtons pour conduire les troupeaux, mais aussi des rames pour les haricots ou les petits pois du jardin, ou des tuteurs pour les tomates.

3. Pour le rez-de-chaussée, après 4 à 5 années de paillage pour empêcher les mauvaises herbes de s'implanter, ce qui nuirait aux jeunes plants d'arbres et d'arbustes, il est conseillé dans le livre « *Les haies composites* » de semer de « l'herbe à savane ». C'est une formation herbeuse comportant un tapis de grandes herbes graminées mesurant, en fin de saison de

végétation, au moins 80 cm de hauteur. Dans notre région et sous notre climat, la graminée la mieux adaptée est « le dactyle » (plante herbacée vivace largement cultivée comme plante fourragère). Cette plante de prairie, très commune, plutôt adaptée à la fauche qu'au pâturage, est souvent semée en association soit avec d'autres graminées, soit avec des légumineuses comme le trèfle ou la luzerne). Je l'ai mis en association avec une plante qui s'est implantée d'elle-même : le gaillet gratteron qui est une plante herbacée très commune de la famille des Rubiacées. Sa taille varie de 20 cm à 2 m. C'est une plante qui s'accroche facilement à vos vêtements, sa tige grêle quadrangulaire, renflée aux nœuds et longue de 30 cm à 1 m, est très rude parce qu'elle est garnie sur les angles de petits aiguillons rebroussés qui lui permettent de grimper en s'accrochant aux autres plantes. Ce gaillet gratteron connaît de multiples usages et accompagne sans doute l'humanité depuis longtemps : médicinal (comme hypotenseur, antispasmodique, diaphorétique, diurétique, utilisé notamment en infusion ; vulnéraire en usage externe, en pommade pour soigner certaines maladies de la peau...). La combinaison du dactyle et du gaillet gratteron permet d'héberger des hérissons et des carabes dans la haie. Ils sont tous les deux des prédateurs de limaces. Si vous avez une haie composite tout autour de votre champ, comme les limaces viennent toujours de l'extérieur du champ vers l'intérieur du champ, au moment où elles traversent la haie elles sont accueillies par les hérissons et les carabes et ne peuvent pas envahir la parcelle. Le carabe est très peu connu comme insecte auxiliaire, mais c'est l'ami des paysans et des jardiniers. Qui n'a pas croisé un jour ce sympathique animal dans son jardin ? Son costume moiré cache pourtant un redoutable prédateur, capable de débarrasser de nombreux parasites. Il existe plusieurs espèces de carabes, toutes faisant partie du vaste ordre des coléoptères et de la famille des *Carabidae.* Le carabe est un insecte de 15 à 30 mm de long qui se déplace très rapidement au sol. Il apprécie la présence de haies et de cultures diversifiées. Il aime se cacher sous les tas de feuilles ou même parfois sous les pierres. Redoutable prédateur tout au long de sa vie, le carabe n'attend pas de se transformer ni de sortir du sol pour être vorace. Majoritairement carnivores, les larves se régalent de vers, d'œufs, de larves et de petits insectes. Les adultes quant à eux, adorent se nourrir de limaces, d'escargots, de vers de toutes sortes, de pucerons, d'acariens. Il participe également à la décomposition des bois morts. Inutile de souligner l'importance de cet auxiliaire pour le paysan et le jardinier qui seront alors débarrassés de façon naturelle de leurs ennemis les plus communs.

Les haies composites de notre ferme

Haie composite de 18 ans

Haie composite de 30 ans

Il existe un certain nombre d'insectes et d'animaux dans les haies composites :

Les syrphes, insectes auxiliaires, dont on a tout intérêt à avoir un maximum sur la ferme. D'une part, parce que les adultes se délectent du nectar et du pollen des fleurs, et sont de bons pollinisateurs. Or, tout pollinisateur est bon à accueillir.

D'autre part, parce que leurs larves, sorte de petits vers translucides, sont de très grands prédateurs de pucerons, au même titre que les coccinelles (entre 400 et 500 pucerons par larve, sur une période de 12 à 15 jours).

Les chrysopes. « La Demoiselle aux yeux d'or » est le joli nom donné à la chrysope, petit insecte aux ailes translucides. Bien moins connue que la coccinelle, la chrysope se révèle pourtant un bon acolyte dans la lutte commune contre les pucerons. La larve de la chrysope, une fois devenue adulte, ira de fleur en fleur se régaler de leur nectar et assurer leur pollinisation. Ce sont les larves de la chrysope qui rendent le plus de services. Elles sont les prédatrices naturelles de plusieurs nuisibles. Leurs proies favorites sont les pucerons ; elles ne dédaignent pas pour autant quelques aleurodes, araignées rouges, thrips ou œufs de noctuelles ou de cochenilles si ceux-ci se présentent. La chrysope effectue un « travail de fond », et évite la prolifération des populations d'insectes nuisibles.

En comparaison, une larve de chrysope consomme en moyenne 300 à 400 pucerons durant son développement. Une fois adulte, la chrysope ne se nourrira plus que de nectar et de pollen. La coccinelle, quant à elle, dévore près de 1 700 pucerons durant sa phase larvaire, puis 20 pucerons par jour une fois adulte. La larve de chrysope garde un avantage, puisqu'elle s'active plus tôt en saison que la coccinelle. Elle est un bon prédateur « préventif » pour retarder l'invasion des pucerons avant l'arrivée des coccinelles. Et la chrysope adulte remplit le rôle de pollinisateur puisqu'elle passe de fleur en fleur afin de se régaler de nectar et de pollen.

La coccinelle ou bête à bon Dieu. Est-il nécessaire de la présenter ? Il en existe de nombreuses espèces différentes (plus de 6000 dans le monde) que l'on différencie par leur couleur (jaune, orange, rouge, blanc, rose ou noir), mais aussi par le nombre de points présents sur leurs élytres. La plus commune, la coccinelle à 7 points noirs et aux élytres rouges, est la plus fréquente en Europe. Les coccinelles sortent de leur léthargie au début du printemps avec les premiers rayons de soleil, après une diapause au pied des plantes, cachées sous les feuilles. Elles se reproduisent et pondent plusieurs centaines d'œufs que les femelles déposent à proximité d'une colonie de pucerons. Ces œufs jaunes se transformeront en petites larves noires, avec des reflets bleu métallisé et des points jaune orangé, qui deviendront bien vite de redoutables prédateurs de pucerons, ce qui en fait de précieux auxiliaires pour lutter biologiquement contre ces ravageurs. Chaque larve peut en effet dévorer jusqu'à 200 pucerons par jour !

Les mouches tachinaires ou « mouches des chenilles ». Mouches parasitoïdes, elles sont les cousines des mouches de maison. Environ 10 000 espèces sont connues dont 600 en Europe. À l'état adulte, les mouches tachinaires sont floricoles. Il s'agit donc de butineuses. Elles affectionnent particulièrement les fleurs peu profondes dans lesquelles le nectar leur est facilement accessible. Elles participent donc activement à la pollinisation. Les larves sont des endoparasites des chenilles et d'autres insectes. Après l'éclosion, les larves consomment leur hôte en terminant par ses organes vitaux. Pour la plupart, les larves de ces mouches s'attaquent à des insectes phytophages donc potentiellement aux ravageurs des cultures. Ainsi, chenilles de lépidoptères (piérides, tordeuses, noctuelles), de coléoptères (charançons, doryphores), d'hyménoptères (tenthrèdes), de lépidoptères (pyrales), ainsi que des larves de hannetons constituent leurs hôtes.

La Guêpe parasitoïde. Le vaste monde des hyménoptères comprend plus de 120 000 espèces décrites, dont environ 54 500 sont des parasitoïdes. Ces parasitoïdes ont mis en place un mode de prédation particulier, car ils ont besoin d'un hôte pour accomplir une partie de leur cycle de développement.

Ces insectes sont totalement inoffensifs pour l'homme. Dans sa lutte contre les ravageurs, l'agriculture biologique utilise aujourd'hui plus d'une centaine d'espèces auxiliaires dont une très grande majorité sont des insectes parasitoïdes. Les femelles sélectionnent des zones abondantes en proies. Elles pondent un ou plusieurs œufs à la surface ou à l'intérieur des proies. La durée de vie d'un adulte est de 50 jours environ suivant les espèces. Une femelle peut pondre entre 400 et 600 œufs en fonction des conditions climatiques, et peut parasiter entre 80 et 110 œufs pendant toute sa vie.

Dans un premier temps, afin de maintenir leur hôte en vie, les larves ne se nourrissent que des tissus de réserve. Ensuite les organes vitaux sont attaqués, ce qui entraîne la mort de l'hôte. Ces organismes ont des cycles de vie très courts, ils s'adaptent donc bien aux variations de quantité de proies. Les guêpes parasitoïdes adultes de certaines espèces sont des prédatrices de pucerons. D'autres adultes se nourrissent de miellat et de nectar. C'est la raison pour laquelle les bandes fleuries et les haies composites servent de sources de nourriture. Enfin, elles affectionnent particulièrement les fleurs de carottes, fenouil, aneth, panais et autres apiacées.

Au moment de la ponte, certaines femelles injectent, en plus de l'œuf, soit un venin, soit des particules virales dont l'objectif sera d'entraver le système immunitaire des hôtes ou de modifier leur comportement, permettant ainsi le bon développement de la larve. Il s'agit donc ici d'une symbiose particulière entre un eucaryote (le terme eucaryote désigne l'ensemble des organismes unicellulaires, ou multicellulaires dont les cellules sont dites « eucaryotes ») et un virus.

L'écureuil. Il appartient à la famille des rongeurs et passe la majeure partie de son temps dans les arbres. C'est un hyperactif, qui saute de branche en branche à toute allure. Il se déplace le jour, en solitaire, sauf quand vient le temps des amours. Sa fourrure rousse ou grise, son ventre blanc et sa queue en panache le rendent tout de suite identifiable. Sa queue touffue lui sert surtout de balancier pour garder l'équilibre. On peut l'apercevoir toute l'année dans mes haies composites qui lui offrent des abris et de la nourriture. Toujours prudent, mais très curieux, l'écureuil se tient le plus souvent en hauteur, dans les branches d'arbres. Il descend régulièrement chercher à manger et cacher sa nourriture. À la tombée de la nuit, il s'éclipse dans son nid. L'écureuil construit son nid en hauteur, bien calé dans une fourche d'arbre. C'est là qu'il se réfugie, seul ou en couple, quand la femelle attend des petits. En forme de boule, le nid peut atteindre cinquante centimètres de diamètre. Il est fait de branches et de brindilles entrelacées, et l'intérieur est tapissé de mousse pour plus de confort. Souvent, les écureuils ont plusieurs nids, plus ou moins bien aménagés (un ancien nid de corneille ou un trou de pic font l'affaire !). Ils en changent pour déjouer les prédateurs. Au printemps et en été, l'écureuil consacre plus de la moitié de son temps à la recherche de nourriture. Le menu est varié : baies, fleurs, bourgeons, fruits, escargots, œufs d'oiseaux, pommes de pin, graines et insectes. Noix et noisettes viennent le compléter au début de l'automne. Au pied des arbres, on trouve parfois les restes de ses repas comme des coquilles fendues en deux et des cônes de conifère soigneusement épluchés. À l'automne et en hiver, l'écureuil est moins actif. Même s'il n'hiberne pas, il n'aime pas les grands froids et peut rester plusieurs jours dans son nid. À cette période, il se nourrit principalement de graines de conifère, châtaignes, glands, noisettes, noix, mais aussi de champignons, d'écorces et de bourgeons. En dévorant tout ce qui lui passe sous la dent, il prend du poids pour mieux résister aux intempéries. Très gourmand, notre ami est aussi prévoyant et fait des réserves. Il enterre des graines et des fruits dans le sol, pour pouvoir remettre la patte sur son trésor en cas de disette. À lui tout seul, un écureuil peut cacher jusqu'à 125 kilos de nourriture ! Il compte sur son excellent odorat pour retrouver ses réserves, même sous la neige. Mais cela ne l'empêche pas d'être tête en l'air. Il oublie souvent où sont ses cachettes ! Cet écolo qui s'ignore participe ainsi à la régénération de la haie. Grâce à lui, de nouveaux arbres vont pousser !

L'écureuil a quelques inconvénients puisqu'il consomme des œufs d'oiseaux, mais très rarement des œufs de mésanges. La mésange fait son nid dans de toutes petites cavités des troncs d'arbres, l'écureuil a donc bien des difficultés pour y pénétrer. Il ne fait pas toujours la différence entre un insecte auxiliaire et insecte ravageur, mais globalement l'écureuil est plus utile que nuisible sur une ferme.

Je crois que vous l'avez compris, une haie composite devient rentable pour le paysan. Contrairement aux idées reçues selon lesquelles on nous a toujours enseigné « qu'une haie prenait de la surface et qu'à cause d'elle il n'y aurait pas de rendement », je soutiens qu'une haie composite apporte comme vous l'avez vu :

— premièrement, des insectes, des oiseaux auxiliaires. Nous n'avons plus besoin d'utiliser d'insecticides sur nos récoltes, d'où un bénéfice énorme pour nous et pour la société en termes d'écologie et d'environnement ;

— deuxièmement, du bois de chauffage, mais aussi des bois d'œuvre ;

— troisièmement, des fruits qui sont produits sans produit chimique toujours agréable à déguster ;

— quatrièmement, des abris naturels contre les intempéries pour le troupeau (vent pluie neige …) ;

— cinquièmement, un environnement paysager exceptionnel.

Je reconnais que c'est un investissement à long terme, mais cela vaut vraiment le coup de le réaliser, pour nous, pour nos enfants et pour la société tout entière. Il serait intéressant que les communes, communautés de communes, départements, régions, états, l'Europe, puissent aider les agriculteurs qui plantent de nouvelles haies sur leur ferme.

Réduction des fongicides.

Après avoir fait un énorme travail pour supprimer les insecticides de ma ferme, je me suis mis à réfléchir à une solution pour réduire les fongicides.

Une fois de plus c'est un accident de vie qui m'apporta la solution.

Un de mes enfants a déclenché la maladie de Leiner Moussous. Cela ne vous dit rien ? Il s'agit d'une maladie cutanée : maladie rare qui a été découverte par Leiner et Moussous en 1908. Elle commence généralement par l'apparition d'une dermatose séborrhéique avec des rougeurs sur les plis des fesses et sur le sexe de l'enfant. Le cuir chevelu rougit lui aussi et une couche de croûtes grasses de couleur jaunâtre ou brunâtre apparaît. Ces squames épaisses sont également appelées croûtes de lait. Contrairement aux habitudes, celles-ci s'étendent très facilement sur tout le reste du corps et atteignent l'arrière de l'oreille et même les aisselles. Malgré leur apparence, ces lésions n'entraînent ni fièvre ni démangeaisons. Elles peuvent également se confondre avec de l'eczéma.

Pour traiter l'enfant, il faut un soin strict. Concrètement, le médecin prescrit un bain 2 fois par jour avec 1 g de Permanganate de potassium pour 10 litres d'eau. Pendant cette toilette de 10 à 15 minutes, la solution ne doit pas toucher le visage de l'enfant. Après le bain, de la vaseline est appliquée pour traiter les croûtes de lait ou les squames du cuir chevelu, avant le traitement antifongique (usage externe) permettant d'éliminer les champignons.

Après trois jours de traitement et six bains, notre enfant était guéri. Comme la pharmacie nous a vendu une boîte complète de Permanganate de potassium soit cent cachets et que nous n'en avons utilisé que 6, il nous en reste 94. Le médecin nous avait dit que le Permanganate de potassium était un désinfectant. Il est d'ailleurs utilisé pour rendre l'eau potable. Il a également une fonction fongicide. Par exemple, les aquariophiles recommandent le traitement périodique au Permanganate de potassium dilué pour nettoyer les algues, éliminer les cyanobactéries, champignons et vers qui se forment sur les parois et graviers des aquariums (en ayant évidemment trouvé à loger ailleurs les poissons résidents !). On recommande aussi le Permanganate pour traiter les traces noirâtres des champignons *Aspergillus* entre les carreaux des salles de bain et cabines de douche, avec toujours des solutions diluées.

Donc j'ai décidé de tenter une expérience. Un jour, alors que j'avais de l'oïdium sur ma culture de blé, j'ai décidé de mettre un sachet de 1 g de Permanganate de potassium dans 100 litres d'eau et de diminuer de 50 % la quantité de fongicide nécessaire au traitement de l'oïdium. J'ai obtenu un résultat spectaculaire avec seulement une demi-dose de fongicide. Donc j'ai décidé de renouveler l'expérience en diminuant de 80 % la quantité de fongicide. Là j'ai dû reconnaître que le résultat n'était pas au rendez-vous complètement. Mais loin de me décourager, j'ai recommencé une troisième fois en diminuant seulement des deux tiers la dose de fongicide. Cette fois le résultat était au rendez-vous.

Mon seul regret aujourd'hui c'est de n'avoir pas complètement supprimé les fongicides, car en tuant les champignons pathogènes, j'ai tué également les champignons mycorhiziens qui eux sont indispensables au bon équilibre des sols et des plantes.

J'ai appris le rôle de ces champignons mycorhiziens seulement une fois arrivé à la retraite. Il faut changer rapidement nos façons de travailler la terre si nous ne voulons pas avoir une pénurie alimentaire mondiale. En effet, tous les engrais chimiques que l'on apporte artificiellement dans le sol pour nourrir la plante arrivent à leur état d'épuisement.

En 2030 tous les gisements de phosphore mondiaux seront épuisés et en 2050 ce sera au tour du potassium (les potasses d'Alsace sont déjà épuisées depuis 2003). Avec la fin du pétrole bon marché, nous ne pouvons plus produire de l'azote. C'est pourquoi, si ces trois éléments ne sont plus accessibles, l'agriculture chimique industrielle, qui est très grosse utilisatrice de ces engrais chimiques, court à sa perte en créant une pénurie alimentaire mondiale.

Il est plus qu'urgent de changer le modèle d'agriculture, que tous les gouvernements et décideurs mondiaux incitent rapidement à transformer l'agriculture chimique industrielle en une agriculture biologique respectueuse des sols et de la biodiversité pour retrouver des rendements suffisants pour nourrir cette population mondiale.

Avantage des mycorhizes.

Les champignons mycorhiziens permettent aux plantes d'absorber plus de nutriments et d'eau contenus dans le sol. Ils augmentent aussi la tolérance aux différents stress environnementaux. De plus, ces champignons jouent un rôle majeur dans le processus d'agrégation des particules du sol et stimulent l'activité microbienne. Selon l'espèce, les pratiques et les conditions de culture, la mycorhization procure des avantages aux végétaux et à l'environnement.

La mycorhization
Produit des végétaux plus vigoureux et en santé
Augmente l'établissement des plantes et leur survie lors du semis ou de la transplantation
Accroît le rendement et la qualité des récoltes
Améliore la tolérance à la sécheresse, permettant la réduction des arrosages
Améliore la floraison et la fructification

Optimise l'utilisation des fertilisants, spécialement du phosphore qu'elle récupère dans la roche mère et nous n'avons plus besoin d'apporter du phosphore soluble
Accroît la tolérance à la salinité du sol
Réduit l'apparition de maladies « car quand les champignons mycorhiziens sont présents sur la plante, les champignons pathogènes n'ont plus de place »
Contribue au maintien de la qualité du sol et du cycle des éléments nutritifs
Contribue au contrôle de l'érosion du sol

Réduction des herbicides.

Le **semis direct**, ou **culture sans labour**, est une technique culturale simplifiée utilisée en agriculture, basée sur l'introduction directe de la graine dans le sol, sans passer par le travail du sol, mais avec des rotations et des couverts améliorants.

Le semis direct, sous couvert si possible, diminue fortement la consommation de carburant. Personnellement, je suis passé de 10 000 litres de consommation annuelle de Gasoil à 4 000 litres. Cela nécessite un investissement matériel beaucoup plus faible à l'hectare et peut être adapté à des fermes en traction animale. Il diminue la fatigue de l'agriculteur et le nombre d'heures de travail ainsi que les besoins de main-d'œuvre, tout en allongeant la durée de vie des tracteurs, pour des rendements au moins aussi élevés qu'avec le labour. Sur ma ferme, la première année, j'ai eu 15 % de rendement supplémentaire avec un retour de la biodiversité.

Le sol n'étant pas travaillé, la levée d'adventices (ou herbes que l'on ne désire pas à cet endroit-là) est en général moindre et plus tardive qu'avec un labour. Certaines graines (notamment les grosses graines) seront même dégradées plus vite sans aucun travail du sol, car exposées à de nombreuses voies de dégradation biologiques (champignons, insectes, oiseaux...). Avec le labour nous enterrons toutes les graines qui sont en surface. Une fois enterrées, elles prennent le stade de dormance, ce qui fait qu'elles se conservent très longtemps dans le sol. Certaines graines restent comme cela plusieurs dizaines d'années voire quelques centaines d'années pour des graines comme le coquelicot. Les années suivantes, quand nous labourons, nous les déterrons, elles se mettent à germer et la seule solution pour les détruire à ce moment-là est obligatoirement la chimie.

Le sol est plus résilient face aux aléas climatiques (sécheresse en particulier). La production est plus stable, ce qui est favorable à la sécurité alimentaire. Le semis direct devrait être pratiqué à grande échelle dans les régions sèches ou dans celles qui sont sujettes à l'érosion.

Comme le sol n'est pas travaillé, il est moins soumis aux problèmes de battance (caractère d'un sol tendant à se désagréger et à former une croûte en surface sous l'action de la pluie ou d'un piétinement important) et à l'érosion.

Dans un contexte de pénurie de pétrole annoncée et de modifications climatiques, les paysans devraient donc développer rapidement le non-labour et le semis direct.

Les principales difficultés sont :

— un délai de 2 à 5 ans, voire plus, pour retrouver un sol vivant normal, après l'arrêt du labour ;

— la lutte contre les graminées, herbes à germination superficielle, peut-être plus difficile, notamment si la rotation des cultures n'est pas assez diversifiée. La dynamique des populations de mauvaises herbes étant très différente de celle des parcelles travaillées, les paysans et les techniciens sont souvent peu formés au désherbage d'herbes nouvelles et aux nouvelles rotations à mettre en place. D'où l'importance de ne jamais, jamais, labourer, car tous les efforts accomplis les premières années seraient vains et nous serions obligés de recommencer à zéro ;

— la lutte contre les limaces, dont les œufs ne sont plus enfouis par le labour, est parfois délicate les premières années de semis direct, mais est souvent ensuite aidée par la recrudescence des carabes et autres prédateurs favorisés par la technique, d'où l'importance de ne jamais utiliser d'insecticide ;

— la lutte contre les mulots et campagnols peut aussi poser des problèmes, d'où l'importance d'implanter des haies composites où se trouveront leurs prédateurs « les rapaces diurnes, les rapaces nocturnes et surtout le renard, car chaque renard se nourrit de 3000 à 10 000 petits rongeurs par an. Or le renard est classé comme animal nuisible » ;

— le réchauffement des sols est nettement plus lent, car les sols restent beaucoup plus humides que ceux travaillés, ce qui peut devenir un avantage si le réchauffement climatique continue ;

— la minéralisation des engrais est également différente. Il faut revenir impérativement à des fumures organiques ;

— un frein psychologique important, le paysan considérant le travail du sol comme son principal travail.

De mon côté, la réduction des herbicides a été certainement la chose la plus difficile à réaliser, car il fallait passer par le sans labour et le semis direct. Ne plus labourer la terre était inconcevable. Quand j'étais enfant, j'avais appris à l'école **« pâturage et labourage sont les deux mamelles de la France »**, et quand j'étais jeune j'avais participé à « des concours de labour ». Alors, puisque pour moi le labour avait existé depuis toujours, je ne voyais pas pourquoi on devait le remettre en cause.

Comme vous pouvez le voir, le labour n'est pas agronomique, il est culturel. Quand on a compris cela, on peut réellement avancer dans cette direction. Il faut savoir que cela ne fait que 400 ans que Sully a dit : « Pâturage et labourage sont les deux mamelles de la France », alors que l'agriculture existe depuis 12 000 ans. Donc pendant 11 600 ans, les paysans n'ont pas labouré leur terre, alors... On est finalement loin de l'idée que le labour existe depuis toujours.

Un autre inconvénient majeur du labour est qu'il détruit l'immense population d'insectes auxiliaires, nettoyeurs, recycleurs (10 tonnes d'insectes à l'hectare dans un sol vivant) qui vivent dans les 5 premiers cm du sol. Le labour les détruit tous.

Dans un sol vivant, il y a un milliard de bactéries par gramme de sol. Dans les 8 premiers cm du sol les bactéries sont des bactéries aérobies ; puis de 8 à 30 cm les bactéries sont des bactéries anaérobies. Quand vous labourez à 20 cm de profondeur, vous mettez vos bactéries aérobies au fond de la raie les faisant toutes crever, et vous mettez vos bactéries anaérobies en surface les détruisant toutes. Donc vous avez certes un sol propre, mais un sol mort.

Je me suis alors posé la question suivante : pourquoi Sully invitait-il les paysans à labourer ? Il faut cependant reconnaître qu'à l'époque, le labour avait amené une amélioration de rendement. Mais, au XVIIe siècle, le labour se faisait avec une traction animale (des mulets ou des vaches). Il se réalisait entre 5 et 8 cm de profondeur maximum. Alors qu'aujourd'hui, à cause de la mécanisation agricole, les labours sont entre 20 et 25 cm de profondeur. Quand on laboure à

5 cm de profondeur, les insectes auxiliaires peuvent facilement ressortir, ils ne sont pas détruits. Par contre, à plus de 20 cm, ils sont définitivement condamnés. C'est pareil pour les bactéries. De 5 à 8 cm, il n'y a pas de mélange de bactéries entre les aérobies et les anaérobies.

Je dirai pour conclure que le sans labour et le semis direct sont une technique particulièrement efficace sur les sols qui sont très rapidement détruits par le labour. Les sols qui retiennent le mieux l'eau sont ceux qui ont été cultivés en semis direct. Et là où le labour appauvrit le sol en matière organique, le semis direct permet une lente restauration de cette matière organique, ce qui contribue à restaurer la fonction de ***puits de carbone*** des sols. Le semis direct, pour toutes ces raisons et parce qu'il est plus rentable et lucratif, doit être encouragé et développé.

QUATRIÈME PARTIE

Le paysan militant

LES ANNÉES D'ENGAGEMENTS.

Pendant ma formation agricole, j'avais connu le CDJA (Centre Départemental des Jeunes Agriculteurs) et j'avais participé à des concours de labour qu'il organisait. Mon père leur avait même prêté une parcelle pour le réaliser sur notre canton. J'ai également participé à des voyages d'études, donc tout naturellement, à mon retour de l'armée, j'ai pris ma carte d'adhérent au CDJA en 1970 et je suis même devenu président cantonal. Mais très rapidement je m'aperçus que cette instance n'était pas dirigée par les jeunes paysans de la base du département, mais indirectement par le président de la chambre d'agriculture et par quelques responsables professionnels (Crédit Agricole, Groupama, Présidents de coopératives agricoles). Le président du CDJA et son bureau allaient chercher leur feuille de route dans ses instances.

Il était très difficile de faire remonter les revendications légitimes des jeunes paysans auprès des instances politiques dans ses conditions. Si elle n'avait pas l'aval des autres responsables professionnels, la spécificité des jeunes qui voulaient s'installer ou nouvellement installés n'était jamais prise en compte, car pour ces responsables, c'était plus important d'agrandir leurs exploitations et celles de leurs amis que d'installer de nouveaux jeunes paysans. À cette époque, l'accès au foncier était tendu entre les jeunes qui voulaient s'installer et ceux déjà installés qui voulaient s'agrandir. Je me souviens d'un slogan souvent crié « installer ou agrandir, il faut choisir » ou « 3 petites fermes valent mieux qu'une grande ».

Malgré toutes ses tensions, avec une petite équipe, nous avons réussi à prendre le bureau du CDJA de l'Ain et même décidé de ne pas élire un bureau ordinaire avec président, secrétaire, trésorier, mais de créer un collectif comme c'est quelquefois le cas dans des associations. C'était la première fois que l'on voyait cela dans un syndicat agricole et on a eu droit aux foudres de la préfecture, mais surtout de tous les responsables professionnels du département qui ne pouvaient plus intimider le seul président s'il n'était pas dans la ligne définie par eux.

Dans un premier temps, ils nous ont pris un par un pour nous intimider. Certains de mes collègues se sont vu refuser des prêts au Crédit Agricole, d'autres ce sont leurs propriétaires qui ont remis en cause le fermage de leur ferme. Quant à moi, j'ai reçu une lettre de quatre pages de la part du Président de la Chambre d'Agriculture de l'Ain me demandant de soutenir la politique définie par les responsables professionnels du département. Dans cette lettre il y avait « la carotte et le bâton ». La carotte : il me promettait de me trouver une ferme pour m'installer, et d'avoir des responsabilités dans des structures agricoles du département. Le bâton fait référence à la ferme de mon père qui leur avait demandé de l'aide pour l'avoir en fermage de façon acceptable.

J'ai décidé de ne pas me faire corrompre par de telles pratiques en lui répondant par une lettre dans laquelle je lui ai demandé s'il était un adepte du « souviens-toi, je t'ai donné des miettes ». À partir de ce moment-là, nous avons été marginalisés dans toutes les instances agricoles du département, malgré un soutien important des adhérents qui découvraient les magouilles et dessous-de-table. Toutes les subventions que nous touchions nous ont été supprimées. Le coup de grâce nous a été donné à l'Assemblée Générale durant laquelle ils ont fait venir tous les élèves des Maisons Familiales Rurales du département pour élire une équipe qu'ils avaient préalablement présentée.

Par cette assemblée générale de 1972, nous avons été exclus du CDJA, ce qui nous a permis d'affirmer haut et fort notre opposition à l'ultralibéralisme qui s'installait en agriculture au détriment des paysans et de l'agriculture familiale. Les divergences portaient exclusivement sur la dimension sociale de l'agriculture. Nous réclamions déjà des prix rémunérateurs, car nous ne voulions plus être des esclaves de l'agro-industrie. Mais à cette période, nous ne mettions pas encore en cause le modèle productiviste qui fait tant de dégâts aujourd'hui. Nous étions toujours persuadés que suivre ce modèle chimique et industriel était la seule façon d'éradiquer la faim dans le monde.

Dans d'autres coins de France aussi un mouvement de paysans s'est mis en marche. Après l'exclusion du CDJA, pendant l'été 1972 a eu lieu un grand rassemblement sur le plateau du Larzac en soutien aux 103 paysans qui devaient être expulsés de leur ferme par l'armée. Avec quelques copains, tous issus du Mouvement Rural de la Jeunesse Chrétienne et de sa branche Jeunesse Agricole Chrétienne, nous nous sommes rendus à ce rassemblement, et c'est là que l'on a pris conscience de l'importance de la lutte et de la dimension politique que pouvaient conduire nos actions. À partir de ce moment-là, toutes les luttes et toutes les actions que nous avons menées en tant que militants agricoles étaient guidées par cette dimension évidemment politique. C'est là que j'ai connu le mouvement « L'Arche » avec Lanza del Vasto. Il m'a fait prendre conscience de l'importance de la non-violence, et toutes les actions que j'ai pu mener par la suite dans ma vie ont été guidées par la lutte non violente. C'est à cette période de ma vie que j'ai étudié les œuvres de Henry David Thoreau (1817-1862), le Mahatma Mohandas Karamchand Gandhi, l'ancien Président sud-africain Nelson Mandela, le pasteur américain Martin Luther King ou le dalaï-lama. Ces personnages historiques ont prôné la désobéissance civile et la non-violence, en faisant explicitement référence à H.D. Thoreau.

Nous avons créé en janvier 1973 un nouveau syndicat qui prit le nom de « Paysans-travailleurs » (l'ancêtre de la Confédération Paysanne) et la parution du journal « Paysans et paysannes de l'Ain » a vu le jour.

Ces premières organisations indépendantes sont apparues en 1973. C'est en octobre 1974, lors des journées de Rennes, qu'a été créée l'Association Nationale des Paysans Travailleurs (ANPT). En opposition avec les orientations « libérales » défendues par le CNJA et la FNSEA, cette organisation rompait également avec les pratiques du syndicat majoritaire en refusant la professionnalisation et la personnification des responsabilités. En développant des actions « à la base » dans ce syndicat, on remettait en cause la dimension sociale de l'agriculture. On réclamait déjà des prix rémunérateurs, on condamnait la mainmise des entreprises agroalimentaires et des coopératives agricoles qui devenaient de plus en plus grosses et dans lesquelles les agriculteurs n'avaient plus leur mot à dire.

Mais à cette époque-là, on ne remettait pas du tout en cause la dimension environnementale ni les moyens de production chimique.

J'avais vu et écouté lors de notre manifestation sur le Larzac, pendant l'été 1972 un paysan à la Tribune, qui s'appelait, Bernard Lambert et j'avais été fort

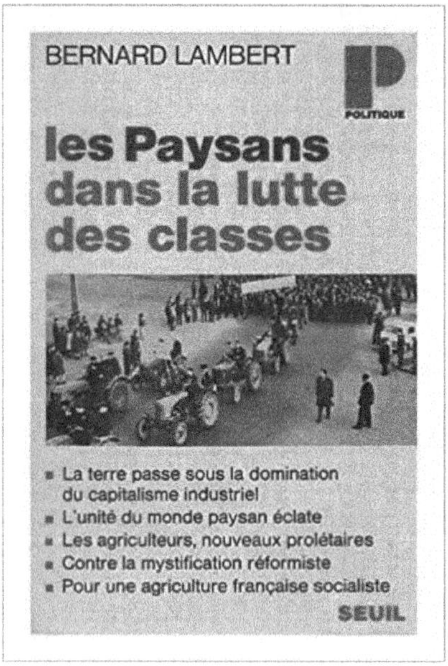

impressionné par ce tribun agricole. J'ai immédiatement acheté son livre, qui pendant longtemps a été mon livre de chevet. Agriculteur de profession, Bernard Lambert dans son livre « Les paysans dans la lutte des classes » parle de son expérience en passant au crible la réflexion politique. Il critique sévèrement les options des organisations syndicales paysannes et, de ce fait, réclame, au nom de tous, des mesures de soutien qui profitent essentiellement au secteur moderne de « l'agriculture industrielle ». Bernard Lambert a décrit, de façon convaincante, le processus de stérilisation qui menace non seulement les petites exploitations, mais également les moyennes. Loin de s'en tenir à la liste des faits, Bernard Lambert a proposé des « pistes pour une action socialiste » en agriculture. C'est un ouvrage passionnant, écrit par un passionné, néanmoins rigoureux.

J'ai eu par la suite l'occasion de rencontrer Bernard Lambert de nombreuses fois au cours de mes engagements. J'ai même eu l'honneur qu'il vienne sur ma ferme en 1983 pour animer l'Assemblée Générale des « Paysans Travailleurs » du département de l'Ain.

Malheureusement Bernard nous a quittés trop tôt lors d'un accident de voiture. J'ai fait le déplacement jusqu'en Loire-Atlantique (avec Alain Millet, un ami Travailleur Paysan de l'Ain) pour son enterrement.

Après 1972, j'ai participé une nouvelle fois au grand rassemblement d'été du Larzac. 1976 constitue un nouveau tournant de la lutte sur le plateau du Larzac. Le 28 juin de cette année-là, 22 paysans ont investi le bureau des acquisitions foncières, à l'intérieur même du camp militaire, et détruit une partie des dossiers d'achats. Arrêtés, ils ont été condamnés : cinq d'entre eux ont écopé de la prison avec sursis. Les autres ont passé une quinzaine de jours en prison, dont José Bové ou encore Marizette Tarlier.

Après la victoire des 10 années de lutte contre l'armée et le gouvernement en 1981, je me suis souvent rendu sur le plateau du Larzac, même après cette lutte, car le Larzac c'est le foisonnement des luttes paysannes. Je me suis fait de nombreux amis, et à chaque fois, on revenait dynamisés pour continuer la lutte chez nous.

L'année 1999 est celle du démontage du Mc Do de Millau (je n'étais pas présent à Millau, mais j'étais au Comité National de la Confédération paysanne). La Confédération Paysanne a organisé le démontage du Mc Donald's de Millau pour protester contre la « malbouffe » et la taxation par les États-Unis de plusieurs produits agricoles français emblématiques (fromage de Roquefort, canards gras, moutarde de Dijon, etc.) à la suite du refus de l'Union européenne d'importer du bœuf américain aux hormones (hormone de croissance). Cette action a mis en lumière la Confédération au niveau national et international à travers l'image de José Bové. Par contre en 2000, j'étais au procès le 30 juin devant le tribunal correctionnel de Millau au cours duquel 40 000 manifestants altermondialistes se sont réunis en soutien aux inculpés qui avaient participé au démontage. Pour ma part, je me suis retrouvé au service d'ordre, car j'étais membre du Comité National de la Confédération Paysanne.

En 2003, il y a eu grand rassemblement sur le Larzac avec 300 000 personnes. Pendant ces 3 jours, je faisais partie de la garde rapprochée de José Bové. Les slogans (parmi d'autres) de l'événement étaient : « D'autres mondes sont possibles », et « Le monde n'est pas une marchandise ». C'est pendant cet événement qu'a été créée l'association les Faucheurs Volontaires. Lors de cet événement, Jean-Baptiste Libouban est venu nous rencontrer pour nous annoncer : je voudrais créer une association qui s'appellerait « les Faucheurs Volontaires ». José, enthousiasmé par cette idée, prit un micro et annonça, aux 300 000 personnes qui étaient présentes, la création du mouvement des Faucheurs Volontaires. Tous ceux qui voulaient venir s'inscrire pouvaient le faire auprès de Jean-Baptiste (voir encadré plus loin).

Création de la Confédération Paysanne de l'Ain

En 1987, j'étais membre fondateur de la Confédération Paysanne de l'Ain en remplacement du Syndicat des Travailleurs Paysans. Au niveau national, durant l'hiver 1986, des organisations paysannes ont organisé des « Assises paysannes » réunissant 15 000 paysans sur l'ensemble du territoire national, suivies par une réunion à Bondy de 500 délégués issus de 70 départements. Les Assises avaient pour objectif « de donner un espace d'expression aux paysans opposés à la politique agricole productiviste » de la FNSEA. C'est de là qu'est née la Confédération Paysanne Nationale.

En 1997, je suis devenu responsable régional Rhône-Alpes de la Confédération Paysanne. La même année, j'ai été élu au Comité National de la

Confédération Paysanne et j'ai eu en charge le développement syndical plus particulièrement.

Depuis sa création, la Confédération Paysanne mène régulièrement des actions pour la défense des paysans. La Confédération Paysanne axe ses combats sur l'agriculture paysanne dès ses débuts, sur sa reconnaissance dans les instances décisionnelles et sur la réforme de la PAC (Politique Agricole Commune). En 1987, la toute nouvelle Confédération Paysanne a mené une action symbolique de labour de la pelouse du champ de Mars au pied de la tour Eiffel « pour manifester son refus du gel des terres imposé par Bruxelles et exprimer ses revendications pour une agriculture non intensive.

Depuis plus de 30 ans, la Confédération Paysanne mène des actions au niveau local, national et international (je vous ai déjà parlé de la lutte du Larzac), mais aussi contre l'industrialisation de l'agriculture, dont les exemples les plus représentatifs sont le projet d'élevage de l'entreprise allemande Pohlmann qui prévoyait de construire une ferme de plus de 5,6 millions de poules pondeuses en batterie à Fère-Champenoise dans la Marne, et le projet d'élevage de 1000 vaches laitières et 750 veaux et génisses dans la Somme. L'élevage laitier géant donna son nom au projet dit des « 1000 vaches » où les vaches seraient enfermées toute l'année sans aucun accès à l'extérieur. Dans le département de l'Ain, à Chalamont, c'était la lutte contre la création d'un poulailler de 150 000 poules pondeuses en batterie et bien d'autres actions...

Engagement à la branche agricole du CMR.

En 1976, je suis devenu responsable régional du CMR (Chrétien en Monde Rural).

Pourquoi m'être engagé dans un mouvement d'action catholique ? Tout d'abord parce que je descendais d'une famille de catholiques pratiquants aussi bien du côté de ma mère que du côté de mon père et que mes parents pratiquaient. Il ne faut pas oublier qu'enfant j'avais fait partie des Cœurs Vaillants et que dans ma jeunesse, je faisais partie du MRJC. Il était tout naturel que devenant adulte, je regarde du côté de l'action catholique pour adultes et que j'intègre le CMR. C'était une évidence, même si ma foi catholique n'était pas la foi du charbonnier.

Et, tout naturellement, je suis devenu responsable de la branche agricole du CMR régional en 1976. En 1977, je suis élu au Comité National de la branche agricole du CMR. Mon premier engagement national !

Mes motivations plus profondes au CMR étaient engagées dans la théologie de la libération, un courant de pensée théologique chrétienne inspiré du marxisme suivi d'un mouvement sociopolitique, visant à rendre dignité et espoir aux pauvres et aux exclus, les libérant d'intolérables conditions de vie. Dans la tradition chrétienne, les pauvres ont tenu depuis les origines une place particulière. Ils sont à la fois des modèles

« Bienheureux, vous qui êtes pauvres, parce que le royaume de Dieu est à vous », « Heureux les pauvres de cœur, le Royaume des cieux est à eux ! » et des objets de compassion et de charité. La théologie de la libération dépasse ce point de vue. Elle propose non seulement de soulager les pauvres de leur pauvreté, mais aussi d'en faire les acteurs de leur propre libération. Elle soutient que c'est l'aménagement de la société et de l'économie qui cause la souffrance et l'aliénation des plus pauvres.

À mon arrivée au Comité National en 1977, le CMR a été l'un des acteurs de la naissance, ou de l'extension, d'un syndicalisme agricole d'opposition aux orientations majeures de la politique agricole définie et menée par les pouvoirs publics et co-gérées par la FNSEA. Au niveau local, et au niveau national, pendant un certain temps, j'ai été frappé par le nombre de militants CMR engagés un peu partout dans le processus. Cela m'a profondément réjoui. J'y voyais la capacité intacte du mouvement à se situer lucidement dans le milieu et la société, et à inspirer des choix d'engagement difficiles à faire. Naturellement, il n'est pas question d'en conclure que la Confédération Paysanne est une création du CMR ! À mon avis, le mouvement a joué son rôle de sentinelle active.

Je deviens Président de L'AFIP Rhône-Alpes.

À ce moment-là sur la ferme, le GAEC tournait bien. On était trois travailleurs, ce qui nous permettait de dégager du temps pour les loisirs, pour la famille et pour la prise de responsabilités. Certes j'avais déjà une responsabilité importante au sein du CMR, mais on me sollicitait pour devenir Président de L'AFIP Rhône-Alpes (Association de Formation et d'Information Pour le développement d'initiatives rurales).

L'AFIP a été créée en 1980. Nous voulions créer un centre d'expérimentations en milieu rural. Les paysans avaient besoin de formations sur l'agriculture paysanne qui sortaient du cadre des chambres d'agriculture qui, elles, valorisaient l'agriculture chimique et industrielle.

Nous embauchions les ingénieurs agronomes pour :

1- Accompagner des porteurs de projets dans leur création d'activités en ESS (Économie Sociale et Solidaire), aide à l'émergence, aide à la construction du projet et accompagnement post-création, par le biais d'ateliers collectifs et/ou rendez-vous individuels.

2- Proposer aux paysans, mais aussi aux acteurs du monde agricole et rural, un cheminement complet, aussi bien personnel que technique au travers d'ateliers collectifs, mais également d'entretiens individuels.

3- Permettre à des porteurs de projets de se tester avant de lancer leurs activités agricoles notamment en production biologique.

4- Organiser des formations à destination d'animateurs, porteurs de projets, techniciens, bénévoles sur les techniques d'animation d'une réunion et d'un groupe.

Notre premier travail en Rhône-Alpes a été une action sur les relations ville-campagne qui ont abouti à la création des AMAP.

Création d'une radio locale.

Nous attendions cela depuis 1974. En 1976, nous avons créé une radio clandestine à Villars-les-Dombes dans l'Ain, « Logic-FM » qui devint légale en 1981. J'animais deux émissions toutes les semaines « Paysans Paysannes de la Dombes » & « Les anti-pantoufles de Logic FM ». J'accueillais des personnages de la région qui, comme l'expression le dit, ne restaient pas dans leurs pantoufles ou les deux pieds dans le même sabot.

En 1985, la radio « Logic-FM » a disparu, car l'on ne pouvait pas rivaliser avec les radios commerciales.

Consultant-conseil des droits de l'homme de l'ONU (Organisation des Nations Unies) à Genève.

Mon mandat du CMR au niveau national s'est terminé au Congrès de 1984. À cette occasion j'ai rencontré Roger Lelièvre, Président de la FIMARC (Fédération Internationale des Mouvements d'Adultes Ruraux Catholiques), qui me demanda si je voulais faire partie de cette équipe au Conseil des droits de l'Homme de l'ONU à Genève. Je suis ainsi devenu consultant au Conseil des Droits de l'Homme de l'ONU à Genève pour la FIMARC.

Ce groupe de travail était composé de 4 Français et de 4 Suisses.

On avait comme mission, dans un premier temps, de repérer toutes les violations des droits de l'Homme à l'encontre des paysans de par le monde, violations transmises par les différents mouvements des pays concernés. Après vérification de la véracité des informations, nous intervenions au Conseil des Droits de l'Homme pour dénoncer ces violations. Nous intervenions également sur le droit à l'alimentation.

Les organisations, non gouvernementales, accréditées ont un droit à la parole limité à 5 minutes pour chaque point à l'ordre du jour. Mais nous avions également la possibilité de faire des interventions écrites limitées à 1200 mots.

La FIMARC est une organisation mondiale au service des ruraux du monde entier.

Les objectifs de la FIMARC :

— défendre et promouvoir le monde rural par le partage et la solidarité entre ruraux et paysans ;

— organiser des mouvements et des associations d'adultes ruraux pour l'amélioration de leurs conditions de vie et une vie digne pour tous ;

— être porte-parole du monde rural dans les instances des Nations Unies, et de la Société Civile.

Le thème de travail majeur de la FIMARC est la « Souveraineté alimentaire ».

La souveraineté alimentaire est le droit des populations, des communautés, des pays ou groupes de pays, à définir leur propre politique alimentaire, agricole, territoriale. Cette politique doit être écologiquement, socialement, économiquement et culturellement adaptée à chaque spécificité. La souveraineté alimentaire inclut un véritable droit à l'alimentation et à la production alimentaire, ce qui signifie que toutes les populations ont droit à une alimentation saine, culturellement et nutritionnellement appropriée, ainsi qu'à des ressources de production alimentaire et à la capacité d'assurer leur survie et celle de leur société.

La souveraineté alimentaire rend nécessaire un certain nombre de mesures :

1-Accorder la priorité à la production alimentaire destinée aux marchés nationaux et locaux, basée sur des systèmes de production diversifiée et agroécologique fonctionnant selon un modèle familial et paysan ;

2-Assurer aux producteurs et à leurs familles des prix équitables, ce qui implique la protection des marchés internes, le refus du *dumping* et des importations à bas prix ;

3-L'accès aux territoires, aux eaux, aux forêts, aux zones de pêche et autres ressources productives, par le biais d'une redistribution naturelle et équitable ;

4-La reconnaissance et la promotion du rôle des femmes dans la production alimentaire ;

5-L'accès équitable et le contrôle de la communauté sur les ressources productives ;

6-La protection des semences, qui constituent la base de l'alimentation et de la vie elle-même, afin d'en permettre un libre-échange et une libre utilisation par les cultivateurs, ce qui implique l'absence de brevets sur la vie et un moratoire sur les cultures génétiquement modifiées ;

7-Des investissements publics en faveur des activités productives des familles et des communautés, orientés vers le renforcement, le contrôle local et la production alimentaire destinée à la population et aux marchés locaux ;

8-Le renforcement des mouvements sociaux, des organisations de paysans, de femmes, de peuples autochtones, de travailleurs agricoles ;

9-Une véritable réforme agraire pour une redistribution intcgralc ct globale des ressources productives en faveur des pauvres et des « sans terre ».

Ce concept suppose que les différents mouvements travaillent sur des enjeux différents qui y sont liés en fonction de leur réalité particulière.

En Asie, un travail important est mené sur tout ce qui touche au droit à la terre en lien avec la souveraineté alimentaire ;

En Amérique latine, le débat actuel est lié à l'ouverture de ZLEA (La Zone de Libre-Échange des Amériques) ;

En Afrique, la question de la protection des semences, l'accès à l'eau sont des enjeux majeurs ;

En Europe, les mouvements ont concentré leur travail sur la réforme de la PAC et l'ouverture aux nouveaux pays qui ont rejoint l'Europe en mai 2004.

Un accent tout particulier au regard de notre public, spécialement en Asie et en Amérique latine, est mis sur les populations indigènes et les catégories de populations marginalisées.

Le travail que nous développons avec les mouvements est essentiellement un travail d'information et de formation. Par ce travail, nous avons la volonté de participer à la conscientisation citoyenne des ruraux afin qu'ils puissent utilement contribuer et participer aux campagnes et argumentations pour un travail de lobby.

La FIMARC est née en 1964 dans la dynamique du concile Vatican II, de l'appel de Jean XXIII, relayant le défi lancé par la FAO (Organisation des Nations Unies pour l'alimentation et l'agriculture) : que la décennie 1960 voie la résolution du problème de la faim dans le monde. 53 ans plus tard, elle comptait 34 mouvements nationaux membres (11 en

Afrique, 7 en Amérique, 8 en Europe, 8 en Asie) et une trentaine d'organisations en contact. Le CMR (Chrétiens en Monde Rural) en France est l'un des 18 mouvements fondateurs.

Depuis un certain nombre d'années, le comité exécutif de la FIMARC nous a demandé de réaliser des documents [11] au service du monde rural, dont voici quelques exemples :

La Déclaration de l'ONU sur les droits des paysans-paysannes.

J'ai eu la chance de participer à l'écriture de cette déclaration en tant que représentant de la FIMARC avec d'autres organisations paysannes (Via Campesina) ; ce qui nous a pris dix-sept années pour la faire aboutir.

Comment une initiative paysanne est-elle devenue une Déclaration de l´ONU ? Tous les moments forts, les rapports de force, les stratégies et les étapes de cette incroyable aventure sont relatés dans le livre de Coline Hubert « La Déclaration de l'ONU sur les

[11] 2005 « Des produits agricoles dans le commerce mondial » & « La souveraineté alimentaire », 2008 « Le droit à l'alimentation », 2011 « Accaparement de terres », 2013 « Décroissance » dans les investissements agricoles, 2017 « l'Agroécologie une réelle alternative », 2018 « Les agrocarburants. Nos voitures contre les besoins alimentaires »
www.fimarc.org

droits des paysans-paysannes. Outil de lutte pour un avenir commun »[12].

En effet, les paysans organisés autour de la FIMARC & la « Vía Campesina » décidèrent de réclamer leurs droits. Depuis lors, ils ont lutté sans relâche avec leurs alliés avant de voir aboutir ce magnifique résultat.

Le 17 décembre 2018, l'Assemblée générale de l'ONU, à New York, a adopté la « Déclaration des Nations unies sur les droits des paysans et des autres personnes travaillant dans les zones rurales ». Le résultat du vote fut le suivant : 184 des 193 pays représentés à l'ONU ont pris part au vote sur la Déclaration. Résultats :

— votes pour : 122 pays ; ils représentent 74,63 % de la population mondiale ;

— votes contre : 8 pays ; ils représentent 6,21 % de la population mondiale ;

— abstention : 54 pays ; ils représentent 18,29 % de la population mondiale (dont la France qui se réclame pays des droits de l'Homme).[13]

Cette adoption est source de fierté pour tous les paysans du monde. Jean Ziegler écrit : « Cette déclaration est un instrument indispensable pour une alimentation saine, les semences paysannes, la

---

[12] www.cetim.ch

[13] Source des chiffres de la population mondiale : Wikipédia, novembre 2018 « Liste des pays par population ».

préservation de l'environnement, de la biodiversité, et la protection de nos aliments eux-mêmes. Un instrument pour bien d'autres luttes futures... » (Jean Ziegler était vice-président du Comité consultatif du Conseil des droits de l'Homme des Nations unies ; il est ancien rapporteur spécial des Nations unies sur le droit à l'alimentation).

Dans les années 1990, en Indonésie, les droits humains les plus fondamentaux de la population, et en particulier des paysans, étaient systématiquement bafoués. Henry Saraghi, responsable du Syndicat indonésien des paysans, a déclaré en 1996 : « En réaction à ce contexte, nous nous sommes progressivement rapprochés de la Via Campesina, avec le projet d'aboutir à une Déclaration qui protègerait les droits des paysans. »

Peu à peu, l'idée a fait son chemin, dans les instances de la FIMARC et dans d'autres organisations : tout faire pour aboutir à un texte de l'ONU qui affirmerait les droits humains des paysans. D'étape en étape, le projet a pris forme. La FIMARC s'est investie dans ce processus avec des alliés pour ensemble aboutir à cette Déclaration.

En 2012, le Conseil des Droits de l'Homme de l'ONU, qui siège à Genève, a institué un Groupe de travail avec pour mandat d'élaborer un projet de Déclaration. La FIMARC (par son groupe de travail sur les droits humains) s'est investie dans ce Groupe de travail de l'ONU.

Durant 5 ans, ce Groupe de travail de l'ONU, présidé par l'ambassadeur de la Bolivie auprès du Conseil à Genève, a travaillé (avec de véritables tensions et oppositions entre les États) pour aboutir à un texte adopté en septembre 2018 par le Conseil des droits de l'homme, et transmis à l'Assemblée générale de l'ONU pour adoption en décembre 2018.

Il faut noter que cette Déclaration émane des paysans, de leurs organisations, dont la FIMARC, et non des instances internationales de l'ONU. C'est la démonstration que les peuples peuvent changer le droit international et faire bouger les concepts de défense des droits humains.

Dans ce document, la FIMARC propose à tous les membres de son réseau un instrument de travail pour s'approprier la Déclaration, la travailler, la faire connaître, la faire vivre par les paysans : objectif ambitieux, mais nécessaire pour que les droits humains soient respectés pour les paysans.

Le contenu de la Déclaration

Pour connaître et comprendre l'importance de la Déclaration, la solution est de la lire et de la travailler dans les instances des organisations. La Déclaration, dans son préambule, prend appui sur des textes de l'ONU : Charte, Déclaration des droits humains de 1948, traités, conventions...

Chaque mouvement ou organisation peut choisir le droit qui lui semble le plus important pour la situation locale ; ci-dessous, voici les titres des articles de la Déclaration.

Article 1 - Définition des paysans et autres personnes travaillant dans les zones rurales
Article 2 - Obligations générales des États
Article 3 - Égalité et non-discrimination, et droit au développement
Article 4 - Droits des paysannes et des autres travailleuses des zones rurales
Article 5 - Droit aux ressources naturelles
Article 6 - Droit à la vie, à la liberté et à la sécurité des personnes
Article 7 - Liberté de circulation
Article 8 - Liberté de pensée, d'opinion et d'expression
Article 9 - Liberté d'association
Article 10 - Droit à la participation
Article 11 - Droit à l'information concernant la production, la commercialisation et la distribution
Article 12 - Accès à la justice
Article 13 - Droit au travail
Article 14 - Droit à la sécurité et à la santé au travail
Article 15 - Droit à une alimentation suffisante
Article 16 - Droit à des revenus et moyens de subsistance décents et aux moyens de production
Article 17 - Droit à la terre et aux autres ressources naturelles
Article 18 - Droit à un environnement sûr, propre et sain
Article 19 - Droit aux semences
Article 20 - Droit à la biodiversité biologique
Article 21 - Droit à l'eau et à l'assainissement
Article 22 - Droit à la sécurité sociale
Article 23 - Droit de jouir du meilleur état de santé physique et mentale possible

Article 24 - Droit à un logement convenable
Article 25 - Droit à l'éducation et à la formation
Article 26 - Droits culturels et savoirs traditionnels
Article 27 : Responsabilité de l'ONU et d'autres organisations internationales
Article 28 - Dispositions générales

La Déclaration : un outil d'action pour les droits des paysans

Il est essentiel que les paysans et leurs organisations s'approprient la Déclaration.

La Déclaration doit servir de base pour les luttes des paysans pour leurs droits. Elle est un outil global pour une réponse à toutes les violations des droits des paysans. Elle est aussi un outil de référence pour penser et établir des politiques et programmes de développement rural. Les paysans et leurs organisations doivent en faire leur « feuille de route » pour toutes leurs luttes actuelles et celles à venir.

L'objectif à atteindre est que chaque État l'intègre dans sa législation nationale, régionale, locale. La Déclaration est donc source d'inspiration politique pour toute décision concernant la vie des paysans, dans tous les domaines de leur vie.

Elle est aussi un outil de pression concernant toute discussion politique concernant le monde paysan.

Pour peser sur les politiques et les instances de décision, il faut mener un travail de plaidoyer : faire connaître la Déclaration, son contenu, ses implications concrètes pour les paysans, leurs familles, leurs communautés.

Les paysans ont leur Déclaration, proclamée par la plus haute instance de l'ONU, l'Assemblée générale. Il leur appartient d'agir pour que leurs droits soient respectés, protégés et mis en œuvre.

Les paysans et leurs organisations ont entre leurs mains un outil :

— pour faire pression sur tous les pouvoirs publics ;

— pour construire un travail de plaidoyer pour leurs droits ;

— pour inscrire leurs droits dans les instances juridiques du pays.

La Déclaration est un instrument à utiliser à tous les niveaux politiques, juridiques, administratifs, pour que les décisions aillent dans le sens des droits des paysans.

La FIMARC déclare que nous commençons actuellement une nouvelle étape, celle de la mise en œuvre du contenu de la Déclaration. Pour gagner la bataille de la reconnaissance de nos droits, qui est une bataille intrinsèquement politique et juridique, nous devons le faire tous ensemble, femmes et hommes solidaires.

L'élection de François Mitterrand à la Présidence de la République en 1981

Avec cette élection, j'ai cru que le grand soir était arrivé. Il faut dire, que la Vème République née en 1958 avait 23 ans. Le pouvoir avait été sans partage par la droite. Cette élection était la victoire des dix années de lutte sur le Larzac. C'est l'arrivée d'Édith Cresson au ministère de l'Agriculture. Elle reconnut le Syndicat des Paysans Travailleurs et le financement qui allait avec. C'est aussi l'élection à la proportionnelle des chambres d'agriculture. Dans le département de l'Ain, nous nous retrouvions avec trois élus en janvier 1983. Notre liste a réalisé 12 % des voix, mais la joie a été de courte durée. Au mois de mars, Michel Rocard, nommé ministre de l'Agriculture, a instauré une barre de représentativité syndicale à 15 %. Il nous manquait donc 3 % pour être représentatifs ce qui ne nous empêcha pas de continuer notre travail comme par le passé. Nous avons trouvé la représentativité en 1989 où nous avons réalisé 30 % des voix. En 1996, j'étais tête de liste de la Confédération Paysanne et **élu à la Chambre d'Agriculture de l'Ain** avec 32 % des voix.

Dès mon élection à la Chambre d'Agriculture, j'ai tout de suite compris que si je voulais être écouté par le Préfet et la Direction de l'Agriculture, j'avais besoin d'un mandat local. Je me suis donc présenté au **Conseil Municipal** de ma commune où j'ai été **élu.** (je suis resté élu 12 ans, deux mandats à la Chambre d'Agriculture et deux mandats au conseil Municipal)

La question des Organismes Génétiquement Modifiés (OGM) était en débat dans la société depuis 20 ans. C'est le 7 juin 1997 qu'a eu lieu en France le premier fauchage d'une parcelle de colza OGM à Saint-Georges d'Espéranche dans l'Isère. La Confédération Paysanne, soutenue par d'autres mouvements, s'est mobilisée contre cette parcelle d'essai semée illégalement par Monsanto. Comme j'étais secrétaire général de la Confédération Paysanne Rhône-Alpes, je suis l'un des principaux responsables.

Avant de faucher cette parcelle, comme elle avait été semée illégalement, nous avons rencontré l'administration de l'agriculture et le Préfet de l'Isère pour leur demander de détruire cette parcelle. Nous avons également rencontré Jean Glavany, Ministre de l'Agriculture lors du congrès à Grenoble du Parti socialiste. Si nous avons décidé de faucher ce colza OGM, c'est parce que l'administration et le pouvoir politique avaient refusé de prendre leurs responsabilités.

Pourquoi avons-nous mené une action de désobéissance civile, en fauchant cette parcelle de colza ? En 1997, nous ne connaissions pas les dangers des OGM, mais à l'époque, nous savions que derrière les OGM, il y avait la brevetabilité du vivant, c'est-à-dire l'obligation pour tous les paysans de racheter chaque année leurs semences.

Pour tous les paysans, la brevetabilité du vivant, c'était insupportable, car sur cette planète de 7 milliards d'habitants, il y a 1 milliard 300 millions de paysans actifs. Sur ce 1 milliard 300 millions de paysans, il y en a seulement 28 millions soit 2 % qui sont motorisés, 300 millions qui ont une traction animale et un milliard qui travaillent à la main avec des bêches et des machettes. Avec les OGM et la brevetabilité du vivant, le milliard 300 millions de paysans qui ne sont pas motorisés seraient obligés d'acheter chaque année leurs semences. La brevetabilité du vivant est pour nous une raison suffisamment valable pour arrêter toutes les cultures d'OGM dans le monde.

Des brevets sur le vivant.

Au siècle dernier, l'industrialisation a séparé la production agricole de celle des semences. Celle-ci s'est déplacée du champ des paysans et paysannes vers la station d'expérimentation, puis vers le laboratoire de biologie moléculaire, et enfin vers la modélisation informatique. Les sélections paysannes permettent d'adapter constamment des populations de plantes diversifiées et variables à chaque terroir, aux besoins de chaque communauté humaine et à leur évolution. Cette adaptation résulte de sélections, de croisements en pollinisation libre et de multiplications dans des conditions locales de culture *in situ*. Les échanges de semences reposent sur des droits collectifs d'usage informels.

La production issue de ces sélections paysannes fournit aujourd'hui les 3/4 de la nourriture disponible sur la planète (très peu dans les pays industrialisés).

Mais depuis 5 ou 6 décennies, les semenciers bien soutenus par les politiques publiques, s'emploient à déposséder les paysans et paysannes de leurs droits à ressemer leur propre récolte et à échanger leurs semences, tout en gardant le libre accès de l'industrie au bien commun que représentent les ressources génétiques issues des champs des paysans sélectionneurs. Les semences « améliorées » qui en sont issues font des agriculteurs les utilisateurs obligés via les droits de propriété : certificats d'obtention végétale (COV et inscription au catalogue officiel) et les variétés obtenues doivent être homogènes et stables. À noter que le terme « amélioration » des semences signifie adaptation, non pas au terroir ou aux besoins des paysans et des communautés humaines, mais au « paquet technologique » industriel : engrais, pesticides, mécanisation, irrigation, et bien sûr au marché.

Avec l'arrivée de la transgénèse puis de la mutagénèse, les blouses blanches des chercheurs en biologie moléculaire ont remplacé les bottes des ingénieurs agronomes des stations d'expérimentation ; la recherche variétale abandonne le champ pour le laboratoire ; les techniques de modification génétique sur cellules isolées de la plante, puis régénérées *in vitro* remplacent les techniques *in vivo* sur graines ou plantes entières. C'est le temps des promesses : nourrir l'humanité, réduire les pesticides… et aussi celui de la course aux brevets des firmes concurrentes.

En 1980, 9 000 obtenteurs existaient dans le monde. Aucun ne réalisait plus de 1% du marché mondial. Aujourd'hui, 3 multinationales détiennent les 2/3 de l'offre en semences et pesticides[14].

---

[14] Jean-Luc Juthier, paysan retraité, membre de la Confédération Paysanne et Faucheur Volontaire. https://www.faucheurs-volontaires.fr

Aujourd'hui on en connaît beaucoup plus sur la dangerosité des OGM, car les OGM sont des plantes pesticides.

Premier exemple : il est vendu aux paysans des plantes dites résistantes à un insecte, comme la pyrale du maïs. Dans la réalité, la plante n'est pas résistante, mais elle produit elle-même son insecticide, comme une vipère produit son venin. Les paysans, en donnant à manger le maïs qu'ils ont produit sur leur ferme à leurs animaux, leur donnent en réalité à manger une toxine insecticide qui est contenue dans leur maïs.

Deuxième exemple : les plantes résistantes au Roundup. Ce sont des plantes qui résistent à l'herbicide du Roundup. Les paysans sèment leur maïs ou leur soja. Pour désherber les mauvaises herbes, ils passent un coup de Roundup. Les mauvaises herbes crèvent et le maïs, ou le soja, résistant, continue sa végétation. Mais ils ont reçu leur dose d'herbicide et quand le paysan donne à manger à ses animaux son maïs ou son soja, les animaux consomment en même temps du Roundup. On n'a pas besoin d'être un scientifique diplômé pour comprendre que ce n'est pas bon pour nos animaux qui vont produire notre lait ou notre viande, aliments qui entrent dans la chaîne alimentaire humaine.

La Confédération Paysanne a mené une quarantaine d'autres actions de 1997 à 2003 sur des cultures expérimentales ou des stocks de semences commerciales de colza, maïs, betterave, riz, tabac… transgéniques, pour mettre sur la place publique la question des OGM, de la privatisation du vivant et de la finalité de la recherche scientifique publique et privée. C'est par exemple en janvier 1998 à Nérac (47) où des semences d'un maïs OGM de *Novartis* sont mélangées avec du maïs conventionnel, en juin 1999 au CIRAD (Centre de Coopération Internationale en Recherche Agronomique pour le Développement) à Montpellier que des plants de riz OGM sont détruits, au GEVES (Groupe d'Étude et de contrôle des Variétés Et des Semences) à Versailles que des essais de maïs OGM sont neutralisés, ou lors de bien d'autres mobilisations citoyennes dans plusieurs régions de France. Des procès ont fait suite à toutes ces actions : Vienne, Agen, Montauban, Carcassonne, Foix, Montpellier, Bordeaux, Toulouse, Valence, Grenoble, Versailles, etc. Puis sont venues des condamnations (incarcération de José Bové et René Riesel, amendes et dommages-intérêts ...), et à chaque fois, le débat revenait sur la place publique. La Confédération Paysanne était au bord de la faillite financière, mais grâce à ces actions, aucune culture commerciale OGM ne fut implantée en France à cette époque.

En 2003 : naissance du mouvement des Faucheurs Volontaires. Lors de ce grand rassemblement sur le Larzac, comme je vous l'ai précisé plus haut, Jean-Baptiste Libouban, compagnon des Communautés de l'Arche de Lanza del Vasto, lança le mouvement des Faucheurs Volontaires et obtint les 400 premières signatures. Son objectif était d'impliquer l'ensemble des citoyens et citoyennes pour ne pas laisser la Confédération Paysanne porter seule les poids de la lutte. Les années suivantes, le mouvement s'est amplifié. Plus de 7 000 personnes ont signé la charte des Faucheurs, se portant ainsi volontaires pour neutraliser les OGM en plein champ, à visage découvert. Ils revendiquaient leurs actions, selon les principes de la désobéissance civile non violente, dès lors que la loi ne protégeait pas l'intérêt collectif et que les intérêts privés l'emportaient sur le bien commun.

Il y a eu de grosses mobilisations des faucheurs et faucheuses entre 2003 et 2008 : fauchages, procès, actions sur les importations, grèves de la faim. Un grand nombre de comités de soutien ou de vigilance OGM se sont constitués ; des organisations de la société civile sont également montées au créneau : étiquetage dans les magasins, stands d'information, contacts de parlementaires, arrêtés municipaux ou de régions.

En 2006 et 2007, la FNSEA et des Coopératives agricoles ont tenté le coup de force, contre les Faucheurs Volontaires, avec la complicité des firmes semencières, en organisant la culture de 22 000 hectares des maïs Mon810, dont 168 ha dans 4 cantons du département de l'Ain, en pleine zone volaille de Bresse. C'est une provocation qu'on ne pouvait laisser passer. Il est alors créé une association « OGM non merci 01 ». Avec une dizaine d'associations départementales et des citoyens de tous bords, on a entrepris un énorme travail pour trouver l'emplacement exact de ces champs d'OGM, que l'on a réussi à localiser ainsi que les propriétaires de ces parcelles et on l'a fait savoir par voie de presse. Nous organisions des réunions dans toutes les communes où ont été implantés ces OGM, ce qui provoqua une réprobation unanime de tous les habitants des communes concernées et du département. Dans ce cas précis, je pense que cela a été aussi efficace qu'un fauchage, que l'on ne pouvait pas réaliser sur 168 ha.

Les mobilisations étaient telles que le gouvernement annonça début 2008 un moratoire sur le maïs Mon810. On mesure toute l'importance de ce moratoire lorsqu'on fait le parallèle avec l'Espagne et le Portugal où il n'y a pas eu d'interdiction. Dans ces pays, il est très difficile aujourd'hui de trouver des lots de maïs non contaminés par le maïs Bt de Monsanto, et la culture du maïs bio est devenue pratiquement impossible.

Le 31 décembre 2006, j'ai pris ma retraite agricole et par la même occasion, j'ai mis fin à mes mandats à la Confédération Paysanne Nationale et Régionale, fin à mon mandat à la Chambre d'Agriculture et fin à mon mandat de Conseiller municipal. Place aux jeunes !

La mise à la retraite ne veut pas dire la fin de mes engagements militants comme vous allez le voir.

CINQUIÈME PARTIE

Échanger

CRÉATION DE RÉS'OGM INFO.

En 2004, avec les élections régionales, un nouvel exécutif est arrivé à la tête de la Région Rhône-Alpes. Leur première décision a été de classer la région hors OGM par une délibération. À cette époque, j'étais secrétaire général de la Confédération Paysanne Rhône-Alpes. J'ai donc demandé un rendez-vous à Jean-Jacques Queyranne, Président de la Région pour le remercier de cette délibération et pour l'interroger sur les perspectives qu'il voulait mettre en place pour la faire vivre dans la région. Visiblement, il n'avait pas vraiment pensé à cela. Je lui proposai de créer une association qui pourrait faire vivre cette délibération.

L'association Rés'OGM Info est née en 2005 d'une rencontre entre une quinzaine de structures issues du monde agricole et engagées pour la protection de l'environnement. Ces dernières ont constaté la nécessité de diffuser une information citoyenne et indépendante sur le sujet des OGM et ont décidé d'unir leurs forces à cet effet.

Rés'OGM Info développe des projets d'information sur les OGM, ainsi que la valorisation des alternatives à ces derniers, à travers plusieurs supports (bulletins d'information, films documentaires, conférences-débats, etc.). L'association s'adresse à différents publics du territoire rhônalpin (agriculteurs, élus, grand public, lycéens). Appuyée par différents films, l'association est largement sortie de son territoire rhônalpin.

Arrive l'année 2007 avec 12 % de cultures OGM en plus dans le monde. En France, plus de 22.000 ha (dont 270 en Rhône-Alpes et 138 dans la Bresse, zone où est produit le fameux poulet de Bresse AOC) étaient cultivés avant la mise en œuvre de la clause de sauvegarde qui a été activée suite aux actions des faucheurs volontaires et au Grenelle de l'environnement en 2008. Cette interdiction passait par un moratoire sur la culture d'OGM, renouvelé à deux reprises en 2012 et 2014. En 2015, une directive européenne a donné la possibilité aux États membres de ne pas autoriser la culture d'un OGM sur leurs territoires respectifs pour des motifs socio-économiques. Le gouvernement français a activé cette possibilité ainsi que 18 autres États membres.

En 2007 avec l'arrivée massive des OGM, Rés'OGM a décidé de faire des réunions d'information sur toutes les communes de Rhône-Alpes où nous avions repéré que des OGM avaient été semés pour en informer la population. Ces réunions ont eu un succès fou. Les salles des fêtes étaient remplies à craquer. Dans toutes ces réunions une question revenait sans cesse « Qu'est-ce que vous proposez d'autre, comme alternatives aux OGM ? » C'est de là qu'a germé l'idée de faire un film sur les alternatives aux OGM. Suite à ces réunions, le conseil d'administration de Rés'OGM décida de produire ce film. En 2008 est né notre premier film dont le titre est « Cultivons la terre » avec en sous-titre : « Pour une agriculture durable, innovante et sans OGM » (voir en annexe à la fin du livre). Il s'est créé un comité de pilotage autour d'Honorine Périno. Grâce à ce comité de pilotage, les films que Rés'OGM avait réalisés étaient devenus de véritables films collectifs même si c'est Honorine qui en était la réalisatrice.

Honorine Périno est le trait d'union entre monde scientifique et paysan. Dès la création de Rés'OGM Info, Honorine Périno, la réalisatrice, a fait partie des membres fondateurs de l'association.

Biologiste de formation, Honorine Perino a travaillé six ans pour des structures associatives de développement agricole. Ses études lui ont appris les secrets de la génétique, mais c'est au contact du monde paysan qu'elle mesure les enjeux des nouvelles technologies de manipulation du vivant.

Souhaitant partager son expérience, approfondir ses questionnements et participer aux grands débats de société actuelle, elle s'est lancée en autodidacte dans l'art de la réalisation. Elle a vu son premier film « *Qui parle de breveter le vivant* ? », primé en 2002 au festival d'Oullins « À nous de voir, Cinéma & Sciences ».

De film en film, son regard évolue avec les thématiques abordées, questionne l'avenir sur terre et met en perspective le respect de l'homme et de la nature.

Quand Rés'OGM Info a décidé l'aventure de produire des films, il était tout naturel que notre réalisatrice soit Honorine.

Reconnaissance publique de Rés'OGM Info grâce aux films d'Honorine Périno.

Les films de Rés'OGM Info ont été sélectionnés dans des dizaines de compétitions cinématographiques comme Pariscience, les Rencontres Internationales du Documentaire de Montréal, Les Conviviales de Nannay.

Nous avons reçu le « prix du film écologiste » au Festival du film Nature et de l'environnement à Mûrs-Érigné. Mais également le prix UNDISCOVERED au Festival International du film d'environnement.

Nous avons également été sélectionnés dans de nombreux festivals comme le Festival du film militant d'Aubagne, le Festival du cinéma rural de la Biolle, le festival du film engagé, Festivache, Festival du film scientifique de la Réunion, le Festival Un Autre Monde, Bobines Rebelles, Les Sciences en bobines, Festival du film vert de Suisse romande, Terra Festival de Guadeloupe, *Life science* film festival de la République Tchèque, *Green up* film festival de Belgique et bien d'autres encore, mais celui qui m'a le plus marqué c'est certainement Planète Honnête Festival International du documentaire et rencontres sur la biodiversité et les Peuples Premiers. C'est à cette occasion que j'ai rencontré pour la première fois Pierre

Rabhi. Le film « Cultivons la Terre », suivi de mon intervention, était programmé en avant-première de la conférence de Pierre Rabhi.

C'est aussi des centaines de présentations dans des salles de cinéma, des salles des fêtes, bibliothèques dans tous les coins de France et des pays francophones (Suisse, Belgique, Canada, Algérie, etc.). Je suis régulièrement invité par des associations généralement environnementalistes, mais également des Associations de Parents d'Élèves, des Médiathèques, des Bibliothèques, des Mairies, des Intercommunalités, des Syndicats de rivière ou de nappe phréatique, des Universités, des Écoles d'Agriculture, des Maisons Familiales Rurales, le ministère de la Transition écologique et solidaire, des partis politiques, des Chambres d'Agriculture, des Syndicats agricoles, etc.

J'interviens également régulièrement dans des stages « Jeûnes et Rando » à raison de sept stages par an depuis 5 ans, c'est plus de 500 jeûneurs que j'ai pu rencontrer, sous la houlette de Laura Azenard auteur du best-seller « Comment j'ai vaincu l'arthrose », mais également « Vaincre votre arthrose : votre programme en 9 semaines » ou « Le jeûne, ça marche ! » avec sa complice Elgia Boyer.

J'ai également eu l'occasion durant toutes ces années de rencontrer des personnes toutes plus exceptionnelles les unes que les autres. Mais je ne peux pas passer sous silence tous mes amis de la Confédération Paysanne de l'Ain et en particulier

Alain Millet, Gérard Bailly ou Jean Claude Bouvier « Les dinosaures de la conf' de l'Ain », de la région Rhône-Alpes où j'ai en mémoire tous les représentants départementaux qui étaient toujours présents pour mener la lutte. Je n'oublie pas tous les membres du Comité National de la Confédération Paysanne qui m'ont énormément appris sur la politique agricole et les stratégies pour conduire des luttes et faire aboutir nos revendications avec des personnages comme François Dufour, José Bové, René Louail ou encore Brigitte Allain.

Je ne peux pas passer sous silence mon ami Marc Dufumier (agronome émérite à AgroParisTech, chaire d'agriculture comparée et développement agricole, auteur du livre « Malbouffe au Nord, famine au Sud, comment le bio peut nous sauver »), avec lequel j'ai eu l'honneur d'intervenir très régulièrement. Et aussi les rencontres avec Bernard Ronot, le pape français des semences paysannes (il a conservé plus de 200 variétés anciennes de blé). Il y a aussi Claire Chanut, Présidente internationale des Femmes Semencières, qui font à travers la planète un travail formidable pour conserver, reproduire, échanger des semences paysannes dans tous les pays du monde.

C'est aussi des centaines de présidents d'associations qui par leur dévouement et leur engagement ont permis de faire vivre nos films. Je ne peux pas les citer tous, mais je n'oublierai jamais Annick Belliot et Jean-Jacques qui m'ont organisé une semaine complète dans tout le département de la

Haute-Loire. Bernard Grand, Président de Communauté de Commune dans la Haute-Saône qui m'a fait venir trois jours pour intervenir dans trois villages. Lionel Berthet qui me nomme parrain du salon « vins et délices bio » à Aix-les-Bains. Michel Berthelot qui m'a fait venir quatre années consécutives dans son association « les colibris » de Draguignan, malgré des frais de déplacement importants, ou encore Carole Devesa qui après mon intervention m'a demandé d'être le parrain du jardin « les Graines de Oaï » à Gignac la Nerthe (13) où des semences populations sont reproduites par les jardiniers du secteur.

Dialogues en humanité.

L'idée des Dialogues en humanité est née en 2002, lors du Sommet mondial de Johannesburg sur le développement durable. La première édition à Lyon, en juin 2003, a rassemblé 80 invités issus de tous les milieux et de tous les continents. Depuis cette date-là, je participe tous les ans au parc de la Tête d'Or de Lyon à ces « Dialogues en Humanité » sous la responsabilité de mon amie Geneviève Ancel. C'est dans ce lieu que j'ai eu l'occasion de dialoguer avec des personnages illustres, comme Stéphane Hessel, Edgar Morin, Danielle Mitterrand, Patrick Viveret, Philippe Piau, l'Indien Devinder Sharma, les Brésiliens Débora Nunes et Emerson Sales et bien d'autres encore. Tous ces personnages rencontrés me donnent une énergie incroyable dans ma vie de militant paysan.

Voyage au Togo en février 2013.

Caroline, une amie journaliste ayant entendu mon témoignage de vie, partit en mission journalistique au Togo pour quelques mois, et me demanda par mail si je ne voulais pas venir témoigner des dangers des pesticides auprès des paysans du Togo où les grands trusts financiers comme Bolloré, Monsanto… promettent des tracteurs et machines agricoles aux paysans, bien évidemment pas chers à condition qu'ils leur achètent engrais et semences (bien sûr OGM) pour produire devinez quoi ??? Des agrocarburants. Peu importe si les cultures vivrières sont mises de côté, peu importe si les paysans africains sont empoisonnés par les pesticides, les profits financiers sont plus importants pour ces transnationales.

C'est avec Bernadette, une amie engagée elle aussi humainement et socialement, que nous faisons ce voyage de dix-sept jours et douze conférences organisées par une association humanitaire de soutien au développement socio-économique du Togo. Bernadette est institutrice de métier et avait engagé son avenir auprès de l'association « Enseignants Sans Frontières ».

Rencontre de paysans savants

Nous étions rassemblés à l'ombre d'un manguier. Pendant que les premiers échanges avaient lieu et alors que j'expliquais mon expérience avec les pesticides, les femmes par petits groupes, enfants accrochés dans le dos, rapportaient dans des grandes bassines posées en équilibre sur leur tête, leur production de jolies petites tomates aux couleurs rouges magnifiques, récoltées alentour. Un homme pointa, pesa chaque bassine, nota… pour régler. Les tomates seraient transportées pour une sorte de coopérative. En garderaient-ils pour leur consommation ? Les plantations sont magnifiques dans les creux des vallées pour conserver la fraîcheur et surtout bénéficier de l'eau au moment des pluies. Ils pratiquaient également l'agroforesterie sans le savoir, ils avaient un arbre de la famille des acacias le « *Faidherbia Albida* » dont des racines vont jusqu'à la nappe phréatique à plus de 20 m de profondeur. Il prend ses feuilles en saison sèche et pleure pour arroser les légumes qui sont dessous. À l'inverse, lorsque revient la saison des pluies et des cultures, il se défeuille entièrement et n'exerce donc pas ou peu de compétition pour la lumière avec les cultures. Il réalise deux productions par an. Parmi les vertus du Faiherbia figure également son aptitude à capter l'azote de l'air et à le transmettre à la terre pour accroître sa fertilité.

Il y avait toutes sortes de légumes, mais, qui gérait vraiment et où allait le produit de la récolte ??? Nous n'aurons pas vraiment de réponse…

Au cours de cet échange, les questions ont fusé : « Est-ce qu'il y a des oiseaux ici comme chez vous qui peuvent être nos collègues de boulot ? Comment travailler sans chimie puisque c'est ce qui nous est proposé pour mieux gagner notre vie ? »

On parlait de l'utilité du compost, des nuisances des brûlis aussi importants. Il fallait qu'ils réfléchissent pour trouver ce qui au Togo serait similaire à ce que j'avais découvert dans ma pratique. Ce n'est pas non plus parce que je ne fais pas comme mes voisins, que je suis moins bien que mes voisins. « Vous faites de belles choses, ici, vous êtes de vrais paysans ingénieux et savants, de remarquables cultivateurs, sachez conserver votre savoir-faire et ne vous faites pas avoir par les transnationales, comme nous l'avons fait en France dans les années 50-60 avec le plan Marshall. »

Rencontre avec le MFC (Mouvement des Foyers Chrétiens) membre de la **FIMARC** (Fédération Internationale des Mouvements d'Adultes Ruraux Catholiques).

Sabine, Prospère, Barthélemy et Gilbert, quatre personnes de la **FIMARC** se sont présentées. Depuis des années, des actions de développement étaient menées au Togo. Les responsables de l'Église catholique avaient réactualisé les activités de développement dans la pastorale familiale. **L'OCDI CARITAS TOGO** (Organisation de la Charité pour un Développement intégral) est l'organisme qui pilote dans les diocèses toutes activités du développement intégral de l'Homme et de tout Homme.

Généralement, les moyens dont disposent les femmes du **MFC** sont limités. Elles s'organisent donc en petits groupes pour faire face au défi de leur développement et de l'éducation. Elles ont besoin de connaissances suffisantes, de compétences et de moyens matériels et financiers pour développer leurs Activités Génératrices de Revenus (**AGR**).

Dans le but de contribuer à résoudre les problèmes des femmes et des enfants, le MFC fort de son expérience de près de 40 ans sur le terrain a déjà testé à maintes reprises la stratégie d'intervention focalisée sur les familles et particulièrement les femmes. Le MFC a collaboré avec la Pastorale de la famille pour former des couples sur l'animation de groupes, sur la méthode Billings pour la régulation des naissances et sur leurs propres prises en charge. C'est cette expérience que le MFC voulait utiliser pour mettre en œuvre le projet « Fabrication du savon liquide et pain dans les paroisses », en faveur des foyers, des femmes et des enfants du diocèse de Kara.

Justification, ou pourquoi ce choix de fabrication de savon et de pain ? Le savon est utilisé dans les ménages aussi bien en ville que dans les villages pour se laver, faire la lessive et la vaisselle. La fabrication du savon permet aux familles de l'utiliser, mais aussi de le vendre pour augmenter leurs revenus.

Pour les Activités Génératrices de Revenus, dont la fabrication du savon, les foyers sont organisés en groupements pour :

— des champs communautaires de soja et autres céréales,

— la fabrication du fromage et de lait de soja,

— la banque alimentaire,

— la cotisation en nature et espèces.

Le MFC a proposé à travers le projet de renforcer son champ d'action dans la lutte contre la pauvreté dans le diocèse de Kara en aidant les femmes à se développer et à mieux éduquer les enfants.

Au terme de ce projet, les résultats suivants sont escomptés : toutes les paroisses du diocèse seront servies. Deux sessions de formation sont organisées pour les 64 femmes sélectionnées. 64 femmes sont formées pour la gestion des boutiques, 32 boutiques ouvertes en activité (le lieu de vente a été choisi), 6 suivis organisés en faveur des femmes. Les revenus du projet sont utilisés en faveur des femmes et des enfants.

Au niveau du personnel, les membres du bureau et l'aumônier sont disponibles. Les formateurs existent. Les moyens matériels sont à acquérir. Les moyens financiers proviennent des cotisations des membres.

Le MFC travaille également sur :

— l'utilité d'un partage des biens par la réunion des biens de la femme et de l'homme qui travaillent, et non vivre chacun dans sa propre liberté.

— comment essayer de vivre malgré la pauvreté ?

— apprendre à gérer les conflits, devoir de s'asseoir pour pouvoir dialoguer.

— espacer les naissances pour mieux gérer la famille.

— gérer les maladies sexuellement transmissibles (Sida…).

Toute réflexion se fait à la lumière de la Bible, de l'Évangile, puisque la foi est très présente au Togo. L'échange très riche a duré jusque tard dans la nuit.

Bernadette et moi, nous n'oublierons jamais notre voyage au Togo avec toutes ces belles personnes rencontrées à l'accueil si chaleureux, en particulier Edéou le Président, notre dévouée cuisinière Jacqueline, Aram dans un grand sourire montrant de belles dents blanches en pleine nuit, Grand-frère… puis les enfants à l'école de Bohou qui ont déclenché de vives émotions inscrites à l'encre de Chine dans nos cœurs. Nos rencontres également chaleureuses, « écoutantes et questionnantes », avec le monde paysan et la MFC, animées, entourées par des responsables dynamiques, nous ont fait prendre conscience de leur volonté farouche d'améliorer leurs conditions de vie. Malgré quelques problèmes techniques (vidéo projecteur absent, salle occupée…), le hasard (mais comme le dit Edéou, « le hasard n'existe pas, car le hasard c'est le chemin que prend Dieu pour permettre la rencontre »), mais quel hasard nous a permis de participer à une fête du village, à une cérémonie coutumière de funérailles chez la directrice de l'école ; et lors de ces partages avec la population, nous avons découvert les danses traditionnelles, les plats hyper épicés et même le *tchouk* (le vin de palme), le *bissap* (délicieux breuvage de fleurs d'hibiscus en infusion ou jus de fruits), le *foufou* (igname).

Nous étions à l'heure pour l'embarquement dans l'avion, avec plein d'interrogations dans nos têtes, nos cœurs. Nous deviendrions pour eux le Papa et la Maman de France.

CRÉATION RESO (Réseau Échange Solidarité).

Lors de l'hiver 2006-2007, tout nouveau retraité, je suis allé soutenir régulièrement au nom de la Confédération Paysanne, l'association OSER qui est un Centre d'Hébergement et de Réinsertion Sociale (CHRS). Elle avait dressé des toiles de tente devant la préfecture de l'Ain, car celle-ci leur avait coupé les vivres puisqu'elle avait accueilli des demandeurs d'asile, ce qui n'avait pas du tout plu à la préfecture.

En 2007, après la faillite d'OSER, RESO a été créé, et j'en suis devenu Président. Nous avons repris l'hôtel du « Temps des Cerises » et la salle « Olympe de Gouges » auprès du liquidateur, ce qui a mis le Préfet dans une rage noire quand il a appris notre manœuvre.

Le Temps des Cerises

Cet hôtel est composé de 23 chambres de 15 à 20 m^2, équipées de salle de bain. Ce lieu permet de donner un toit à ceux que l'on appelle « les Cabossés de la vie », mais c'est aussi un soutien moral, des conseils juridiques, un accompagnement dans leurs démarches administratives.

La formule « pension de famille » offre :

— La possibilité de bénéficier d'un temps d'hébergement non limité, a priori.

— La possibilité de vivre dans une structure de taille humaine tout en évitant les problèmes de vie quotidienne dus à la solitude et à l'isolement.

Le « Temps des Cerises » propose un habitat de droit commun de 30 places avec le respect du statut locatif, tout comme celui de la libre jouissance des lieux privatifs.

Le souhait de l'association est de proposer un logement personnel au sein d'une collectivité impliquant moins de contraintes que la vie de groupe, et assorti d'un accompagnement social en fonction des demandes des résidents.

Si la durée de séjour n'est pas limitée, aucune limitation n'est imposée non plus aux conditions d'âge. Nous favorisons la mixité sous toutes ses formes : mixité d'âges, de situation familiale, de parcours, d'histoires de vie…

Notre volonté est de faire cohabiter des populations très différentes les unes des autres, leur seul point commun étant la faiblesse de leurs revenus et leur isolement, leurs difficultés liées à l'exclusion sociale…

Le brassage des populations et des situations sociales sert à rompre cet isolement. Nous souhaitons ainsi aider toutes ces personnes à retrouver une certaine sécurité de logement et le sens de la relation.

Pour ceux qui n'imaginent qu'un court séjour dans notre pension de famille, l'objectif est également de les aider au retour d'un logement individuel.

Salle « Olympe de Gouges »

L'idée première de cet espace de rencontre est de développer des loisirs « intelligents » et à bas prix, des outils d'information et de formation, passer des films que personne ou presque personne ne programme, des documentaires ou des films militants. Mais aussi des films dits « grand public » pour offrir des moments de détente aux résidents de l'hôtel, organiser des conférences, des débats, des spectacles. À partir de notre espace culturel « Olympe de Gouges », une importante « vie culturelle » s'est construite : cinq troupes de théâtre amateur sont installées « en résidence » et occupent ainsi, sur la semaine, le lieu où ils montent leur propre spectacle.

Nous sommes partie prenante de la démarche culturelle annuelle de la ville de Bourg-en-Bresse, en partenariat avec une association de théâtre. Nous avons également participé à des événements « poétiques ».

Là encore, les résidents de l'hôtel, l'équipe de bénévoles et le personnel du restaurant sont associés.

Par ailleurs nous offrons aux associations, syndicats, etc. la possibilité de louer la salle à l'année ou pour la journée à un prix modique.

La Canaille

2010 voit la création du restaurant « la Canaille » dans l'hôtel « le Temps des Cerises ». Ouvert à tous, ce restaurant prétend concourir à l'orientation vers une alimentation responsable en fonction de véritables besoins, remettant en cause la consommation excessive, antiécologique, non nécessaire, superflue et injuste. Comme, par exemple, manger des fraises en janvier et des cerises à Noël…

Nous souhaitons offrir une nourriture équilibrée et de qualité à des personnes dont le manque d'argent ou de temps oblige à faire l'impasse sur le moment du repas, à celles et ceux qui ne disposent que d'une demi-heure pour avaler un méchant sandwich arrosé d'un coca au prix exorbitant.

Cette action ne se limite pas à proposer une possibilité de s'alimenter. Tout comme les autres champs investis par l'association RESO, elle doit être un support pour établir des alliances entre les divers secteurs sociaux atteints par la crise qui, avec ses diverses facettes écologique, financière, alimentaire, énergétique…, rend l'action collective plus nécessaire que jamais.

La recherche de passerelles entre les paysans, les petits producteurs, les travailleurs, les précaires, les femmes, les immigrés, les jeunes…, est une condition indispensable pour se diriger vers cet « autre monde possible » que les mouvements sociaux préconisent.

Pour cela, il est essentiel de créer des espaces de résistance, de transformation et d'action collective.

Et les palabres autour d'une bonne bouffe sont toujours l'occasion de tisser des liens, de refaire le monde…

Si le restaurant « la canaille » est ouvert toute l'année, le midi du lundi au vendredi, c'est aussi la possibilité de réceptions en soirée ou le week-end pour des personnes ne disposant pas d'un appartement suffisamment grand pour réunir leur famille, à l'occasion d'anniversaires, de fêtes familiales, pour des associations, comités d'entreprise, groupes culturels, salle de réunion.

2011 est l'année de la remise des trophées de l'économie sociale et solidaire Rhône-Alpes. Huit entrepreneurs ou associations ont été récompensés dans les catégories suivantes : Démocratie, Mobilisation territoriale, Innovation sociale, Communication, Emploi Entrepreneuriat et Deux coups de cœur.

Notre association RESO qui gère le restaurant « la Canaille », l'hôtel « le Temps des cerises » et la salle « Olympe de Gouge » s'est vu remettre le prix de l'Innovation sociale. Toute l'équipe en est très fière.

Le jardin « la Butte Rouge »,

En 2015 un jardin associatif est créé : « la Butte Rouge » pour fournir les légumes au restaurant « la Canaille ».

L'idée a germé de produire nos propres fruits et légumes pour le restaurant, pas forcément avec un label « Bio », mais en pratiquant une agriculture « Paysanne » et « Agro Écologique » sans l'utilisation de désherbants, pesticides ou engrais chimiques.

Il nous fallait un terrain, suffisamment grand, pas trop éloigné du restaurant, avec accès à l'eau et une garantie de pouvoir l'occuper plusieurs années.

Suite à des discussions avec nos amis et clients, plusieurs propositions de mise à disposition nous sont parvenues, mais aucune ne donnait pleinement satisfaction.

Finalement nous avons trouvé notre bonheur. Un ancien paysan nous a prêté un espace de 5000 m^2 nous permettant ainsi de nous lancer dans une nouvelle aventure. Deux ans plus tard, nous en sommes devenus propriétaires.

Situé à 11 km du restaurant, le terrain est planté pour moitié d'arbres fruitiers (pommiers, poiriers, pruniers, pêchers, cerisiers, etc.) le restant étant dévolu à la culture maraîchère. Nous avons ajouté un élevage de poules pondeuses.

Le travail est effectué avec des groupes de prisonniers (en courte ou fin de peine) en formation agricole, encadrés par des salariés du Lycée Agricole de Bourg-en-Bresse ainsi que par les adhérents de l'association. Viennent ceux qui peuvent et qui veulent. Il n'est pas nécessaire de posséder des connaissances en jardinage même si les savoir-faire et l'expérience sont appréciés. L'association compte suffisamment de jardiniers du dimanche, de passionnés du semis, du repiquage ou de la greffe, pour suppléer aux lacunes des novices. Pour les plus anxieux, il y a toujours un coin à bêcher, un rang à désherber, une ronce à éliminer, etc.

Le repas est pris en commun lorsque le temps le permet. En contrepartie de l'effort fourni, les travailleurs de la terre pourront repartir le soir avec panier de légumes et de fruits.

Malgré cette présentation qui paraît super, nous avons eu quand même des difficultés à effectuer le travail en temps et en heure, et les rendements n'étaient pas toujours à la hauteur de nos espérances. L'an dernier nous avons décidé de remettre le jardin à un jeune couple pour qu'il le travaille en permaculture et revende la production au restaurant, tout en gardant les activités initiées avec les groupes.

Les noms n'ont pas été choisis par hasard, il fallait qu'ils répondent à notre identité.

Le Temps des cerises est une chanson dont les paroles furent écrites en 1866 par Jean Baptiste Clément et la musique composée par Antoine Renard en 1868.

Bien que lui étant antérieure, cette chanson est néanmoins fortement associée à la Commune de Paris de 1871, l'auteur étant lui-même un communard ayant combattu pendant la Semaine sanglante.

Olympe de Gouges, née le 7 mai 1748 à Montauban et morte guillotinée le 3 novembre 1793 à Paris, est une femme de lettres, française, devenue femme politique. Elle est considérée comme une des pionnières du féminisme français. Auteure de la *Déclaration des droits de la femme et de la citoyenne*, elle a laissé de nombreux écrits en faveur des droits civils et politiques des femmes et de l'abolition de l'esclavage des Noirs.

La Canaille est un chant révolutionnaire de 1865,

précurseur de la Commune de Paris, d'abord appelé ***La Chanson des gueux***. Les paroles sont d'Alexis Bouvier et la musique de Joseph Darcier.

La Butte rouge est une chanson de Montéhus (1872-1952) sur une musique de Georges Krier (1872-1946), écrite après la Première Guerre mondiale, en 1923.

Cette chanson antiguerre fait référence à la « butte Bapaume », un lieu-dit inhabité dans les environs de Berzieux (Marne), et à un sanglant épisode sur le front de Champagne, pendant la Première Guerre mondiale.

Pour tous ceux qui voudraient en savoir plus sur notre belle association, vous pouvez lire le Récit de Jean François Mortel dans son livre « La belle histoire ». Jean François est le président qui m'a succédé.

SIXIÈME PARTIE

Marcher

L'AVENTURE SAINT-JACQUES-DE-COMPOSTELLE (2011)

En 2009, des amies m'avaient invité à les accompagner pour faire le chemin de Compostelle au départ du Puy-en-Velay. Je les ai rejointes le lendemain de leur départ de Monistrol-sur-Allier. Sans aucune préparation, avec un sac trop lourd (17 kg), à cette époque je devais peser dans les 115 kg. Je suis allé jusqu'à Saugues (12 km) avec beaucoup de dénivelés. J'arrivais complètement épuisé avec un énorme furoncle sur un bras. Le lendemain matin, j'ai décidé que l'aventure devait s'arrêter là. Le chemin ne voulait pas de moi cette année-là.

Néanmoins, n'étant pas d'un naturel à me laisser abattre aussi facilement, j'ai pris la décision devant mes amies que ce chemin, je le ferai depuis chez moi et jusqu'à Compostelle, d'une seule traite de Saint-Trivier-sur-Moignans à Saint-Jacques-de-Compostelle soit 1800 km. Après avoir rencontré l'association *Les Amis de Saint-Jacques* du département, je me suis préparé pour cette grande aventure. Je me suis donné plus d'un an pour retrouver une bonne forme physique en marchant pratiquement tous les jours, en suivant les conseils de l'association pour faire un sac léger. Au final, mon sac pesait 8 kg le matin avec la boisson et le casse-croûte du midi, et le soir le sac ne pesait plus que 6 kg. J'ai appris à me guider sur le chemin sans me perdre, à trouver des hébergements et plein d'autres astuces qui facilitent la vie sur ce parcours, ce qui permet de vivre pleinement la beauté du chemin et d'être à l'écoute des autres pèlerins.

Je résumerais bien cette merveilleuse aventure de 1800 km à pied par un seul mot **« RENCONTRE »**.

Mon premier dimanche sur le chemin, à mon arrivée à Saint-Galmier tout est fermé, ni gîte, ni hôtel, ni accueil Jacquaire[15]. Je décidai de continuer mon chemin jusqu'à un autre village, puis deux, puis trois. Là, avec la fatigue et un peu d'énervement de ne rien trouver, j'ai décidé de prendre un taxi pour nous rendre à la ville voisine (Saint-Étienne) et trouver un hôtel pour la nuit. N'ayant pas de numéro de téléphone de taxi, j'ai sonné à une porte pour demander un bottin téléphonique. La porte s'est ouverte, un couple m'a accueilli. Après que je les ai informés de ma situation, leur réponse a été exceptionnelle et inattendue «*parce que chez nous ça ne vous irait pas ? »*. La magie du chemin continuait. J'ai eu droit à la douche, un délicieux repas, une nuit dans le canapé convertible très confortable.

---

[15] L'accueil Jacquaire, « ce sont des familles (dont l'un des membres est souvent un ancien pèlerin) qui acceptent de recevoir à la maison, dans un cadre amical, les pèlerins de passage. Ces familles offrent le gîte et le couvert pour une nuit. Aucune rémunération n'est exigée (c'est ce qu'on appelle le « donativo »). Le pèlerin est muni d'un carnet de pèlerin (Credencial) qui est visé par l'accueillant et atteste du passage du pèlerin. ». *Source : https://www.senat.fr/questions/base/2008/qSEQ080203502.html*

Un petit déjeuner me donna plein d'énergie, et, cerise sur le gâteau, mes hôtes m'avaient préparé un casse-croûte pour le midi. Avant de partir, je voulais les payer, le refus fut net et sans appel. Ils me demandèrent simplement de leur envoyer une carte postale quand je serais arrivé à Compostelle, ce qui fut naturellement fait. Pendant la soirée, ils m'ont partagé le « pourquoi ils m'avaient proposé cette hospitalité » : « *Il y a un an, nos voisins sont partis jusqu'à Saint-Jacques de Compostelle en mémoire de leur fils décédé dans un accident de moto. Arrivés devant la cathédrale de Saint-Jacques, ils ont retrouvé comme par enchantement et sans concertation la jeune fille, à qui leur fils était fiancé avant sa mort, qui revenait d'un voyage avec ses parents au Portugal et au retour passait par Compostelle. Ce qui a fait dire aux parents (c'est notre Éric qui nous réunit tous là)* ». Cette merveilleuse histoire m'a habité pendant tout mon pèlerinage.

Quelques jours plus tard, une pèlerine me révélait ses raisons de faire le chemin de Compostelle malgré ses prothèses de genoux :

« *L'année dernière j'ai tout perdu, ma fille unique nous a quittés, elle avait un cancer qu'elle avait combattu avec courage. Un mois plus tard, c'est mon gendre qui s'est donné la mort. Il ne supportait plus le départ de sa femme qu'il aimait tant. Il l'avait tellement soutenue pendant toutes ces années que cette maladie a duré. Mais en partant, il a aussi emmené son enfant de 5 ans avec lui !!! Tu vois Gérard, je n'ai plus personne !* »

Après l'avoir longuement écoutée raconter l'histoire de sa vie, nous avons continué à marcher en silence, jusqu'au moment où nous retrouvions les autres amis pèlerins

Une autre fois j'ai vu un pèlerin qui cheminait depuis le Puy en parallèle de moi. Je l'avais vu pour la première fois à la messe des pèlerins au Puy. J'ai remarqué qu'il effectuait toujours les variantes les plus difficiles du chemin comme s'il voulait se punir. Or, ce bel homme avait toujours le visage triste et fermé. Je lui posai la question :

« Pourquoi tu fais toujours les variantes les plus difficiles, as-tu quelque chose à te faire pardonner ? »

Je ne croyais pas si bien dire. À ce moment-là, son visage s'assombrit encore plus, ses yeux se brouillèrent et des larmes commencèrent à couler sur son visage. Mon regard interrogatif croisa celui d'un autre pèlerin, quand, il prit une grande respiration et donna la raison de sa présence sur le chemin.

« Oui je suis sur un chemin de pénitence, l'an dernier j'ai eu un accident de voiture et ma femme et mon fils en sont morts. C'est moi qui conduisais et j'étais en tort. Je n'arrive pas à déculpabiliser, j'aurais préféré faire de la prison que de vivre toute ma vie dans la culpabilité. »

Nous écoutions en silence. Les larmes coulaient abondamment sur nos visages. Nous venions de vivre sur ce chemin un grand moment d'émotion et de fraternité. Ce moment intense m'a fait prendre conscience que ce chemin est un lieu où **« on peut tout dire et tout entendre sans être jugé »**. Les jours qui ont suivi, j'ai pu voir quelques fois le sourire sur son visage, il avait enfin pu poser son fardeau.

Au centre de l'Espagne, je cheminais avec Anne-Marie. La pluie fit son apparition, nous nous sommes arrêtés dans un café, et elle me raconta son histoire.

« Il y a 6 ans, j'ai quitté mon mari pour aller vivre un amour auprès d'un autre homme. Trois ans plus tard, je me suis aperçue de mon erreur. J'aurais voulu revenir prendre ma place auprès de mon mari que j'aimais toujours, mais la place était prise. Depuis je vis seule. Il y a quelques semaines, ma fille m'a annoncé que mon mari venait de partir faire le chemin de Compostelle, depuis Saint-Jean-Pied-de-Port, car sa compagne l'avait quitté. Il est parti sans prendre son téléphone portable. J'ai fait mon sac, je me suis rendue à Pampelune, me suis mise à marcher en espérant le retrouver sur le chemin pour le reconquérir. »

La pluie cessa. Je proposai de reprendre le chemin, mais Anne-Marie qui avait fait déjà plus de 450 km commençait à avoir des tendinites qui la faisaient souffrir. Elle décida de s'arrêter là. Quant à moi, j'ai décidé de continuer le chemin. En lui disant au revoir, je lui ai souhaité de retrouver son mari seulement le dernier jour devant la cathédrale à Saint-Jacques de Compostelle. Je lui dis cela non pas par sadisme, mais très précisément, car je me suis souvenu à ce moment de l'histoire que j'avais vécue dans les Monts du

Lyonnais près de Saint-Galmier. Je n'ai pas pris pas les coordonnés d'Anne-Marie, ni son mail, ni son téléphone. L'histoire aurait pu s'arrêter là ! Mais, la magie du chemin en avait décidé autrement.

Je finis mon pèlerinage. Je suis rentré à la maison.

Trois ans plus tard, j'ai reçu un dimanche matin un coup de téléphone. Au bout du fil, Anne Marie. Elle avait visité le blog de mon ami pèlerin Jack et s'était reconnue sur une photo. Sur une autre photo, me reconnaissant, elle avait contacté Jack pour avoir mes coordonnées, coordonnées transmises après mon accord. Grâce à cet appel téléphonique, j'ai appris qu'elle avait retrouvé son mari le dernier jour devant la cathédrale, et que depuis, ils ne vivaient toujours pas ensemble, mais avaient une relation apaisée. Quand je repense à cette belle histoire, je suis toujours ému.

En conclusion :

Le chemin m'a appris que « *Pas après pas… ton chemin se poursuivra…* »

Que d'émotions pendant ce périple !

Que de rencontres de pèlerins, compagnons de joies et peines, Chantal, Francine, William, Évelyne, Lionel, Véronique, Agnès, Coraline la petite, Joëlle, Charlie, Bernard, Magalie, Patrick, Jacqueline, Jacques, René, François, Claude, Jack, Jean-Yves, Manon, Charles, Roselyne, Alain, Gégé, Marcel, Anne Marie, et tous les autres comme Olivier et Jo dans leur fauteuil roulant. J'ai eu la chance de traverser l'Aubrac en avril par un temps radieux. Les champs étaient jonchés de jonquilles, de crocus et de pensées. Dans les sous-bois, je pouvais contempler les anémones sylvestres, mais aussi les anémones pulsatiles, plus rares, qui ouvraient leur corolle pourpre. La nature se réveillait en même temps que le coucou, cet oiseau qui ne chante qu'au printemps et que j'ai entendu chanter les 63 jours sans exception. Comme je me sentais bien ! Je marchais doucement. Je voulais savourer ces paysages merveilleux et m'enivrer de toutes ces odeurs printanières pleines de promesses de vie. Quel bonheur d'être seul sur un sentier, loin des tracas quotidiens ! Jour après jour, le paysage changeait, la végétation se renouvelait. Je découvrais ainsi les Causses, parsemées de milliers d'orchidées toutes plus belles les unes que les autres, la garrigue, embaumée de thym et de marjolaine. Ainsi, impossible d'oublier cette matinée de marche féerique sur une voie ferrée désaffectée bordée d'acacias. Ce jour-là, il « pleuvait » des fleurs, les pétales tombaient comme des flocons de neige odorante... Magique ! Ce fut à nouveau la montagne, les Pyrénées. Je passai en Espagne par le col de Roncevaux. Pendant quelques jours, j'ai assisté comme au retour du printemps, avec les ancolies, le sureau toujours en fleurs et le subtil parfum des chèvrefeuilles. Plus loin encore, plus tard donc, c'est la traversée de la « Rioja », région fertile où les vignobles côtoient les vergers d'amandiers et d'oliviers.

Après Burgos, j'ai commencé à apercevoir de grands tapis rouges au loin qui sont des champs de coquelicots. J'ai longé des champs pendant plusieurs jours, c'était tout simplement magnifique ! Puis arrive la Meseta, endroit redouté des pèlerins. Imaginez ! Près de 200 kilomètres de chemin plat et monotone avec du blé à droite et du blé à gauche. Pas facile ! Heureusement il y a le bonheur des rencontres et la découverte de nouvelles fleurs.

Plus loin, après une dernière chaîne de montagnes, nouveaux enchantements, nouveaux bonheurs avec la longue traversée au milieu des genêts, bruyères, lavandes, églantiers, digitales. Ces traversées m'ont porté jusqu'en Galice et ses immenses forêts d'eucalyptus bienfaisantes. Respirer les feuilles de cet arbre m'a fait beaucoup de bien.

Enfin, l'arrivée à Saint-Jacques, après avoir marché 1800 kilomètres, la joie, le soulagement, l'émotion, mais aussi la tristesse. Tristesse de quitter les merveilleux amis que je m'étais faits et aussi tristesse de quitter ce chemin où j'étais si bien pour retrouver une vie plus « normale » ?

Ainsi donc, si pour tous, le chemin de Saint-Jacques est le Chemin des étoiles, pour moi, il est aussi le Chemin de l'amitié et des fleurs.

MARCHE INTERNATIONALE ANTINUCLÉAIRE ET PACIFISTE LE LONG DE LA LOIRE

De retour de Saint-Jacques de Compostelle, très vite je me rendis compte que pratiquement toutes les personnes que je rencontrais, mis à part les membres de l'association « les amis de Saint-Jacques », ne comprenaient pas la démarche de mon pèlerinage, qu'elles le considéraient comme un voyage touristique comme un autre.

Je me sentais incompris, frustré, malgré des invitations à des émissions de radio, des articles dans des journaux.

J'avais mis entre parenthèses ma vie de militant pendant ce pèlerinage. J'ai appris qu'une Marche Internationale de 800 km le long de la Loire était organisée, vers un monde sans nucléaire et pour la paix dans le monde, en partenariat avec le Réseau « Sortir du Nucléaire » et l'association australienne *Footprints for Peace*[16], de Cosne-sur-Loire (58) à Le Pellerin (44) du 1er au 31 juillet. J'en ai parlé à deux amies, Chantal et Marie. La décision était prise, nous allions la faire.

---

[16] *Footprints for Peace* organise des événements à travers le monde qui rassemblent solidairement une communauté en mouvement pour approfondir notre compréhension des enjeux spirituels, culturels et environnementaux. L'objectif est d'éduquer, d'inspirer et de responsabiliser les individus et les communautés dans la construction d'un avenir durable.

Il faut préciser qu'à partir du jour où j'ai appris que mes animaux avaient été irradiés, je suis devenu un militant antinucléaire, pour lutter contre le mensonge d'État et je continue encore aujourd'hui. C'est aussi pour cette raison que j'ai participé à cette marche.

L'objectif de cette marche était de sensibiliser sur les effets mortifères de l'ensemble du cycle nucléaire, et de sortir du nucléaire civil et militaire, dans un esprit pacifiste, tout en faisant la promotion de solutions alternatives.

Un voyage à pied en signe de solidarité internationale pour un avenir sans nucléaire. Cette marche est partie de Cosne-sur-Loire (58) en longeant la Loire et nous avons fini sur le lieu symbolique d'une victoire sur le nucléaire, « Le Pellerin », près de Nantes. La marche passait par Orléans (45), Blois (41), Tours (37), Chinon (37), Saumur (49), Angers (49), Nantes (44) ; en compagnie d'amis : Anglais, Australiens, Écossais, Suisses, Américains, Sud-Africains, Français, etc.

Cette marche, également sans drogue et sans alcool, était un lien en solidarité avec les peuples indigènes du monde entier. Ces communautés ont été droguées et alcoolisées par nos entreprises, telle AREVA, pour leur faire signer les papiers de vente de leurs terres, donc de leurs lieux sacrés, qui ont été récupérées pour l'extraction de l'uranium.

Avec la catastrophe de Fukushima, le monde antinucléaire se retrouve une nouvelle fois avec la sensation que malgré tous nos avertissements répétés depuis des années sur le danger du nucléaire, le *reste du monde* continue d'avancer dans une impasse. Comme il n'y a aucune intention de freiner ces implantations nucléaires, combien de temps reste-t-il avant une nouvelle catastrophe qui, statistiquement, a de fortes chances de se produire en France… ?

J'ai fait la connaissance du réalisateur Jean-Paul Jaud qui est venu à notre rencontre, il préparait un nouveau film « Tous Cobayes[17] » sur les OGM et le nucléaire, qui devait sortir début 2012, dans lequel je serais un des témoins.

Le dernier jour de la marche, une centaine de personnes participent au pique-nique sur le très beau site du canal de La Martinière. Ce site est épargné de l'aberration d'une construction de centrale nucléaire, grâce à la lutte courageuse et déterminée des habitants et de tous ceux qui les ont soutenus.

---

[17] « Pour son troisième film *Tous Cobayes,* Jean-Paul Jaud a donné la parole aux agriculteurs japonais de Fukushima, sénégalais ou français, aux scientifiques, aux politiques ou aux militants. Autant de personnes qui s'expriment librement sur ces deux problématiques majeures : les OGM et le nucléaire.
Comment se fait-il que les OGM agricoles soient dans les champs et dans les assiettes alors qu'ils n'ont été testés que pendant trois mois sur des rats ? Comment se fait-il que l'énergie nucléaire soit toujours l'énergie du futur alors que les hommes ont vécu Tchernobyl et Fukushima ? Les conclusions seraient-elles accablantes ? ». *Source : https://www.sudouest.fr/2013/01/01/tous-cobayes-le-nucleaire-et-les-ogm-en-question*

Cercle final de la Marche l'après-midi dans le gymnase du Pellerin…

François transmettrait notre bannière à la Marche organisée par les Aborigènes et *Footprints for Peace* qui allait commencer en Australie.

Fin de la marche, nous avons tous été invités sur le site des résistants à l'implantation d'un aéroport à Notre-Dame-des-Landes situé à proximité. Le lendemain, avant le retour à la maison, nous sommes passés par Notre-Dame-des-Landes pour leur apporter notre soutien. Nous avons été reçus comme des rois.

Le soir nous étions invités, Chantal, Marie et moi, à passer la soirée, partager le repas et dormir chez un paysan résistant de la Confédération Paysanne.

Marche de six jours contre les gaz et huiles de schistes.

En juillet 2012, j'appris qu'une marche allait avoir lieu contre les gaz de schistes. J'ai invité quelques amis à venir avec moi, mais en cette période de vacances personne n'était libre, c'est donc seul de l'Ain que je me suis rendu à Florac pour participer à cette marche.

Les collectifs d'opposition à l'exploitation des gaz et huiles de schiste de Lozère organisaient une marche citoyenne itinérante, de village en village. Partis de Florac le dimanche 12 août, nous arriverions à Millau vendredi 17. Nous effectuions un pèlerinage d'un type particulier intitulé *le Compostelle de l'Environnement.*

Notre combat ? Parler des problèmes que pourrait poser l'exploitation de gaz de schiste dans la région et au-delà. « Les gens pensent à tort que les projets sont enterrés. Mais c'est un combat de longue haleine qui s'annonce. Il faudra se battre pendant des années contre les pétroliers ».

Nous marchions symboliquement au fil de l'eau pour rencontrer et informer randonneurs, touristes, et élus locaux qui ont tous apporté leur soutien à cette marche et à ces objectifs. Au départ, le maire et le premier adjoint de Florac ont même fait un bout de chemin avec les randonneurs. Nous étions originaires de Lozère, de Paris, des Bouches-du-Rhône, de l'Ain, du Lot, nous étions étudiants, retraités ou en vacances. Nous partagions le même credo « Pas de gaz de schiste, ni ici, ni ailleurs, ni maintenant, ni plus tard ».

De Florac à Millau, au fil du Tarn, par le sentier rive gauche, il s'agissait d'informer et de partager avec toutes les personnes rencontrées, dans une ambiance détendue et festive. Chacun pouvait y participer sur une ou plusieurs journées. Chaque soir vers 19 heures, au village étape, un rassemblement convivial d'information et de discussion était proposé à tous les villageois avec des débats et des projections autour de l'exploitation des énergies fossiles.

L'arrivée à Millau fut un moment fort pour attirer l'attention. Nous avons rencontré le maire Guy

Durand sur le marché. Il se voulait rassurant devant le besoin des anti gaz de schiste d'être certains que le gouvernement confirmerait l'interdiction de l'exploitation ou de la recherche sur le sujet. « *Depuis le début, François Hollande s'est prononcé contre l'exploitation et la fracturation hydraulique, mais je comprends le rôle de vigilance que doivent jouer les citoyens* », a déclaré le maire.

Si la situation en France semble être claire, nos voisins européens ne voient pas les énergies fossiles du même œil. Les Polonais, eux, voient les gaz de schiste comme l'espoir de se libérer d'une dépendance énergétique qui mine leur pays.

D'autre part, les « veilleurs », comme on se nomme, restent sceptiques quant à la soumission des grands groupes pour respecter les interdictions gouvernementales. Nous serons toujours là pour protéger notre environnement.

Des collectifs luttent partout en France pour préserver l'environnement, la santé et prioritairement l'eau et l'air, sources de vie.

Nous nous opposons donc à toutes les explorations et exploitations d'hydrocarbures sur l'ensemble du territoire français, car elles utilisent des techniques destructrices pour l'environnement et entraînent des conséquences désastreuses pour l'économie des territoires, la santé des populations et le climat mondial.

Les militants « pèlerins » essaient de porter la parole des citoyens en espérant trouver par cette marche non violente un écho au sommet de l'État.

MES AUTRES MARCHES DE COMPOSTELLE

Après la marche vers Compostelle et la marche internationale antinucléaire et pacifiste le long de la Loire, je m'aperçus très vite que marcher pour moi est vital pour ma santé physique et psychique. Je suis devenu membre actif de l'association départementale des amis de Saint-Jacques de Compostelle et j'ai décidé de marcher tous les jours, entre 8 et 15 km. Depuis 2012, je fais en moyenne 3000 km chaque année.

Fort de mon expérience de mes deux marches en 2011, j'ai décidé de recommencer l'aventure de marche itinérante.

Me voilà reparti fin juin 2012 pour un nouveau périple

Un autre chemin de Compostelle, du seuil de la maison, direction Le Puy-en-Velay par le Mont-Pilat et le GR 65, alors qu'en 2011 j'étais passé par le plus court c'est-à-dire par les Monts du Lyonnais et les monts du Forez. J'ai également marché d'Arles à Saint-Guilhem-le-Désert.

Inauguration les 3, 4 et 5 juin 2014, du Chemin de Saint-Jacques de Compostelle : Genève à Nantua.

C'est avec 51 pèlerins que j'ai participé à l'inauguration de l'ouverture du tronçon entre Genève et Le Puy-en-Velay. Nous pouvons dire que les pèlerins, qui partiront dorénavant sur cette variante, profiteront du plaisir de découvrir de vrais paysages bucoliques et de beaux sentiers avec un chemin sportif adapté à tous. Fin juin de cette même année j'ai fini le chemin qui traverse mon département **Nantua - Lyon.**

Aller-retour Compostelle en 2015

Je suis parti du seuil de la maison dans l'Ain le 2 mars 2015 avec la ferme intention de faire l'aller-retour à Compostelle en moins de 6 mois.

Itinéraire prévu : Cluny, Vézelay, Bourges, Limoges, Périgueux, Saint-Jean-Pied-de-Port, le camino Del Norte par Bilbao, Santander, le chemin primitif, arrivée à Compostelle, où je prévoyais de continuer sur Finistèra, Muxia, et retour sur Santiago. Le retour se ferait par le camino Francès, Léon, Burgos, Pampelune, Saint-Jean-Pied-de-Port, Cahors, Figeac, Conques, Le Puy-en-Velay, Lyon et arrivée à la maison.

Mais le chemin en a décidé autrement. Arrivé à la frontière espagnole, très fatigué, j'ai décidé d'arrêter le chemin ici. Je me suis rendu chez mon médecin pour avoir un remontant. Il m'a fait faire une prise de sang. J'avais un taux de PSA très élevé. Les mois qui allaient suivre ne seraient pas folichons avec l'annonce d'un cancer de la prostate.

MARCHE MILITANTE JAI JAGAT 2020 LYON-GENÈVE

En cette année 2020, un peu particulière, entre les deux confinements et entre le début et la fin de l'écriture de ce livre, j'ai décidé de faire la marche Jai Jagat, de Lyon à Genève, du 12 au 26 septembre 2020.

Jai Jagat est un appel urgent aux consciences pour transformer notre monde et répondre à l'aggravation des crises économiques, sociales et environnementales. Face à ces crises, il émerge de toutes parts un désir profond de reconsidérer nos modes de vie.

La campagne Jai Jagat, en français « Victoire de tout le monde, Victoire pour la planète », œuvre à créer un monde solidaire pour tous les êtres vivants, un monde dans lequel personne n'est laissé pour compte.

Pourquoi cette marche ?

Changement climatique accéléré, disparition programmée de la biodiversité, épuisement des sols, déforestation et désertification, explosion des inégalités avec leurs lots de pauvreté et de migrations forcées... Jamais l'Humanité n'a semblé confrontée à autant de périls immenses, allant jusqu'à questionner sur sa propre survie.

Pour faire face à ces défis multiples, des feuilles de route existent pourtant, comme l'Agenda 2030 signé par les 193 États membres des Nations Unies en 2015, avec ses 17 objectifs pour 2030. De la même manière, les textes du droit international évoluent constamment pour renforcer le socle des droits humains définis dans la Déclaration universelle des Droits de l'Homme.

Ce qui manque, c'est la volonté politique, celle des responsables économiques et politiques de changer enfin de paradigme, pour cesser de détruire le vivant et mettre l'humain au centre de l'économie. Mais ce qui manque également, c'est la volonté collective et individuelle, celle de chacune et chacun d'entre nous, d'incarner totalement « le changement que l'on veut voir dans le monde », afin de réussir à faire converger l'ensemble des alternatives qui existent un peu partout sur la planète pour « faire système ». C'est ce à quoi nous invite la campagne Jai Jagat.

Jai Jagat 2020 veut ainsi ouvrir un dialogue avec la communauté internationale pour la survie de l'Humanité. Plus qu'une marche, cette campagne constitue un instrument non violent de convergence et de luttes sociales et environnementales à travers le globe, et de toutes les alternatives individuelles et collectives œuvrant en faveur du changement.

Les objectifs de la campagne Jai Jagat

Jai Jagat 2020, signifiant « ***la Victoire du monde*** », la campagne Jai Jagat 2020 portée par Ekta Parishad [18] prônait un nouveau modèle global de développement : une façon plus juste de vivre ensemble sur la Terre, sans laisser personne au bord du chemin et permettant à chacun d'être acteur du changement.

Un outil de convergence pour la justice environnementale et sociale.

La mobilisation Jai Jagat 2020, au-delà des paysans indiens sans terre, s'adressait à tous les exclus et toutes

---

[18] **Le mouvement Ekta Parishad**
« Ekta Parishad est un mouvement militant indien fondé en 1991 par Rajagopal, célèbre activiste gandhien. C'est une fédération d'environ 11 000 organisations communautaires regroupant des millions de membres dans 11 États indiens. Les deux activités principales d'Ekta Parishad sont le plaidoyer auprès des autorités et la mobilisation des villageois afin de lutter avec eux, par la base, pour le respect de leurs droits, spécialement des droits fonciers. En effet, en Inde, environ 70 % de la population dépendent de l'accès à la terre et aux ressources naturelles pour leur survie. Sans accès légal à leurs terres ancestrales, des centaines de milliers de personnes se retrouvent jour après jour obligées de migrer vers les grands centres urbains du pays où elles n'ont plus d'autres choix que de devenir des travailleurs journaliers, sans aucun droit ni sécurité financière et/ou sociale. Ainsi, Ekta Parishad agit à la base et au sommet du système politique et administratif indien. Au cours de la dernière décennie, Ekta Parishad a organisé deux grandes marches non violentes (la Janadesh en 2007 et la Jan Satyagraha en 2012) qui ont eu un énorme impact sur l'opinion publique indienne et ont permis des avancées politiques et législatives pour les droits des paysans indiens et autres groupes opprimés (dalits, adivasis…). » *Source : https://www.centraider.org/wp-content/uploads/sites/3/2020/07/dossier-presse-jai-jagat-2020.pdf*

les exclues de la mondialisation et à celles et ceux qui ne sont pas satisfaits du monde tel qu'il va. Elle a cherché à œuvrer pour que les Objectifs de Développement Durable, véritable « Plan Survie de l'Humanité », soient pleinement atteints. Initialement prévue de Delhi à Genève et interrompue à Erevan en Arménie pour cause de Covid, la marche qui constituait le cœur de la mobilisation devait être un bon vecteur et une occasion de relancer la dynamique du Forum Social Mondial.

Depuis sa dernière rencontre à Salvador de Bahia (Brésil) en mars 2018, les idées du Forum sont en difficulté face à l'accélération du néolibéralisme financier, de la montée des nationalismes et du repli sur soi.

Marcher pour « un autre monde possible ».

En Europe, la grande marche Jai Jagat devait prendre des routes régulièrement empruntées par les réfugiés qui fuient la guerre et la misère, la destruction de la nature et les impacts du changement climatique, et qui se heurtent contre les murs de la forteresse Schengen. Elle cherchait ainsi à avoir un impact symbolique très important en termes de politique vis-à-vis des migrants et de respect des Droits de l'Homme.

Marcher pour une Europe plus ouverte et plus humaine.

« La justice climatique en faveur des populations défavorisées devait constituer également un des points clés du plaidoyer porté par la Jai Jagat et élaboré tout au long de la campagne. Une occasion de rappeler ses engagements à la communauté internationale qui se gargarise du succès de la COP21. »

Une action non violente pour la justice et la paix

« Jai Jagat 2020 s'inspire des valeurs de non-violence et des techniques de mobilisation pour le changement du Mahatma Gandhi. La devise de Jai Jagat reprend le postulat de Gandhi : « *Sois le changement que tu veux voir dans le monde* ». »[19]

La démarche s'inscrit résolument dans le mouvement de la non-violence comme méthode de lutte et de changement, tout en faisant le lien entre changement climatique, épuisement des ressources et exacerbation des conflits et de la violence. La Jai Jagat se veut porteuse d'une économie non violente comme une alternative au modèle économique actuel, source de violences sociales, de répressions politiques et policières.

---

[19] *Source : https://www.centraider.org/wp-content/uploads/sites/3/2020/07/dossier-presse-jai-jagat-2020.pdf*

« Pour que personne ne reste au bord du chemin »

Le modèle ainsi promu répond aujourd'hui aux Objectifs de Développement Durable (ODD) des Nations Unies (Agenda 2030), adoptés en septembre 2015, après deux ans de négociations incluant l'ensemble des gouvernements et la société civile.

Il définit des cibles générales à atteindre à l'horizon 2030, communes à tous les pays engagés : éradiquer la pauvreté, protéger la planète et garantir des moyens de subsistance pour tous, regroupées en cinq domaines, les « **5P** » : **P**euple, **P**rospérité, **P**lanète, **P**aix, **P**artenariat.

La campagne Jai Jagat s'inscrit pleinement dans ces dix-sept Objectifs et les cinq Principes de base de l'agenda 2030. Face aux défis actuels du monde, il est clair que le succès des Objectifs de Développement Durable nécessite la participation active de la société civile pour faire pression sur l'ensemble des institutions et les obliger à appliquer ces ODD concrètement sur le terrain. La contribution unique de Jai Jagat aux ODD consiste à ce que les plus démunis eux-mêmes soient les acteurs du changement nécessaire à l'élimination de la pauvreté. De fait, pour que les ODD soient appliqués d'ici à 2030, comme les pays signataires s'y sont tous engagés, une mobilisation de la base et un partenariat avec les plus démunis sont indispensables. Ceux-ci doivent être pleinement associés à ce monde à venir pour y avoir toute leur place.

Jai Jagat défend la conviction que les sociétés civiles des différents pays doivent être associées à la définition et à la mise en œuvre de ces objectifs, en particulier les plus pauvres et les populations discriminées. Elles et ils ont des propositions et une capacité d'action qui doivent être soutenues.

De nombreuses associations, en Europe, et à travers le monde, ont répondu à cet appel à participer en présentiel ou de façon virtuelle à la rencontre de Genève (siège de l'ONU), le 26 septembre 2020. La marche internationale a démarré de Delhi le 2 octobre 2019 (journée internationale de la non-violence) pour atteindre Genève le 26 septembre 2020. Mais le Covid-19 l'a stoppée net le 18 mars en Arménie.

Les marcheurs et les marcheuses ont dû rentrer dans leur pays d'origine pour y rester confinés(es), avec toutefois l'espoir de repartir en 2021. La plupart des marches françaises prévues ont été maintenues et ont pu converger et arriver à Genève le 26 septembre 2020. Une est partie de Guérande (Loire-Atlantique) le 31 juillet, une de Lyon (Rhône) le 12 septembre, une de Saint-Antoine-l'Abbaye (Isère) le 18 septembre, une de Lons-le-Saunier (Jura) le 19 septembre, une d'Annecy (Haute-Savoie) le matin du 26, sans oublier les deux jours de marche dans le Beaufortain (Savoie) les 21 et 22 septembre.

SEPTIÈME PARTIE

La COVID 19

J'AI SENTI LA MORT TOUTE PROCHE AVEC LA COVID 19.

Comme chaque année, je suis allé au salon Primevère à Lyon, les 6,7 et 8 mars 2020. Une fois de plus, j'ai frôlé la mort…

Le 14 mars premiers symptômes : mal de tête, mal de gorge, toux sèche, température 38°. J'ai pris des huiles essentielles (ravintsara, origan, sarriette, cyprès) et j'ai bu un grog avec (cannelle, clou de girofle, citron, rhum). Je suis resté sous ce régime jusqu'au lundi 16 mars où je me mis au jeûne.

Mardi 17, j'ai téléphoné à mon médecin qui ne voulait pas me recevoir, me dit de continuer ce traitement et de prendre du Doliprane si ma température dépassait 39°.

Mercredi 18, légère amélioration température 37,6°, mais toujours mal de tête.

Rechute le jeudi 19 avec température autour de 38,5°, mal de gorge et mal de tête, et, cela dura ainsi jusqu'au dimanche soir 22 mars.

Le samedi 21 mars, premier appel au SAMU : comme je n'étais pas en détresse respiratoire, il ne se déplacerait pas.

Dimanche soir 22 mars, j'ai eu l'idée de prendre ma tension ; quelle surprise j'étais à 200/120 ! Deuxième appel au SAMU qui vint et prit ma tension.

Elle était à 190/110. Le médecin m'a donné de la Trinitrine qui fait chuter la tension à 100, mais surtout chuter mon rythme cardiaque à moins de 40 pulsations par minute, donc direction l'hôpital. Après quelques vérifications cardiaques et ma tension à 150, à deux heures du matin, retour à la maison sans faire le test du coronavirus, avec simplement un médicament supplémentaire pour la tension. Avant de partir, le médecin des urgences me dit : *« Si vous avez des difficultés respiratoires, vous revenez, mais vu votre âge et vos antécédents cardiaques, on ne vous mettra pas en soins intensifs, mais on vous mettra sous* ***Rivotril*** *»*. De façon déguisée, il me disait qu'il me mettrait en soins palliatifs tout simplement.

Toute la journée du lundi 23, le mal de tête et la tension toujours autour de 200 se sont maintenus. Dans la nuit à 3 heures du matin, ma tension est montée jusqu'à 238/135. J'ai cru mourir, car je pouvais à tout moment faire un AVC ou une crise cardiaque, mais je n'ai pas rappelé le SAMU, car je ne voulais pas aller en soins palliatifs. De mon propre chef, au milieu de la nuit, j'ai pris un médicament supplémentaire contre la tension.

Le médecin traitant que j'ai eu au téléphone le mardi 24 mars dans la matinée m'invita simplement à continuer mon traitement, car je n'étais plus qu'à 190/110. Il refusait de me voir.

Il a fallu attendre le 27 mars pour retrouver une tension à peu près normale et le 30 mars pour voir disparaître ma température qui était restée pendant toute cette période entre 38° et 39°.

Le 1er avril, j'ai repris progressivement l'alimentation. À la mi-avril, un grand professeur italien a découvert que la Covid créait des emboles (petits caillots) dans le sang, ce qui fait monter la pression artérielle entraînant des dysfonctionnements cardiaques.

Début mai, tous les paramètres sont revenus à la normale. Il restait néanmoins une grosse fatigue pendant plusieurs mois.

La casse du service public des hôpitaux en France nous mène à compter nos morts pendant que le gouvernement et les lobbies comptent leurs sous !!!

HUITIÈME PARTIE

Conclusion

J'ai commencé l'écriture de ce livre pendant le premier confinement de la COVID 19 et je l'ai terminé à la fin du deuxième confinement. Quel sera l'avenir ??? Sera-t-il édité au troisième ou quatrième confinement, ou… ???

Si pour toi les fleurs te parlent... pour moi la terre me parle…

En marchant sur les chemins, je vis des moments formidables en relation avec la nature et avec moi-même.

C'est vrai j'aime la terre, j'aime les humains.

Quand je regarde la terre, je ne vois ni la pollution ni les blessures infligées par les hommes. Je ne vois que sa beauté. Je ne sens que sa respiration, ses parfums, sa chaleur. Je me fais du bien. J'ai l'impression que ma façon de la regarder lui fait du bien aussi ; comme un échange entre deux personnes, elle me parle, elle me dit : « *ne t'inquiète pas pour mes blessures, je saurai les cicatriser. Les humains qui me donnent leur amour ne sont pas encore très nombreux, mais leur nombre augmente de jour en jour, c'est pour eux et avec eux que je vais guérir. Ne souffre pas de mes déforestations, de mes pollutions, je suis en pleine transformation et bientôt ceux qui ne seront pas en harmonie avec moi seront obligés de quitter ce lieu* ».

Les scientifiques disent que nous ne connaissons même pas 5% de ses lois. Nos connaissances sur le génome représentent 1%. La terre possède des ressources insoupçonnées. Nous en avons un aperçu avec l'herbe qui résiste au Roundup et les insectes aux pesticides. Certaines espèces semblent avoir disparu, mais ce n'est que provisoire.

Les chamanes et les grands sages incarnés disent qu'ils connaissent tous les systèmes permettant de dépolluer la terre. Ils seront donnés à la connaissance de l'humain quand celui-ci aura éveillé son cœur.

Il n'est pas trop tard, mais il faut que nous aidions l'humanité à en prendre conscience de suite. C'est pour cela que nous ne pouvons accepter les demi-mesures des gouvernements. C'est aussi pour cela que chacun de nous doit se libérer du besoin de compétition, du besoin de posséder, du besoin d'avoir, des peurs et de la soumission. Chacun doit seulement s'occuper d'être et de sentir ce que veut dire **vivre**.

Voilà pourquoi le mot PAYSAN me va si bien et pourquoi je refuse le mot exploitant (exploité) agricole.

Ce matin-là, sur le chemin de Compostelle, je me suis levé tôt. Le vent souffle en longues rafales, mais, au moins, il ne pleut pas, ou plutôt, il ne pleut plus. Les flaques d'eau dans lesquelles viennent se mirer les nuages d'une aube sans lumière ponctuent les immenses paysages de Castille, où les seules montagnes sont les clochers où nichent les cigognes.

Ce matin-là, la plaine semble languir, attendre, se résigner, se contracter. La campagne est dans le dénuement. Les arbres ont disparu. Le vent ne trouve nulle part où s'agripper si ce n'est aux nuages qui s'effilochent entre ses doigts. Les blés ne sont encore qu'herbes ondulantes et la terre, encore nue à de nombreux endroits, se fait juste une promesse où rien ne peut encore se voir. Dans cette froideur du vent et de cette nudité, je rêve de champs dorés sous le soleil de juillet. Et là, deux images se superposent : celle de la plaine au cœur de l'hiver semblant n'être qu'une terre délavée et stérile et celle de la récolte où le sol a disparu sous l'abondance de l'offrande... Comment imaginer la récolte quand elle est encore enfermée dans la graine invisible sous son manteau de terre ?

Comme l'écrit Philippe Derudder : « *Comment voir aujourd'hui dans la dictature financière qui tel un étau, referme ses mâchoires avides sur les peuples, leur impose sa loi, divise les êtres, saccage l'environnement et épuise les ressources, le monde de coopération, de respect de la vie où chacun pourra évoluer et se réaliser ? Faut-il être naïf, utopiste, poète, inconscient ? N'est-ce pas plutôt être comme le paysan, celui qui est capable de voir la récolte quand rien n'est encore visible, parce qu'il sait ce qu'il a semé ? Il n'y a rien d'accidentel, ni dans les crises que nous subissons ni dans ce qui sera. Tout dépend de ce que l'on sème. (Ce que l'on s'aime ?) Pour ce que j'en sais, il y a les graines de peur et les graines de confiance. Pour bon nombre d'entre nous, l'évidence est que la vie est dangereuse, pleine d'aléas, et qu'il faut* ***lutter*** *dur pour espérer s'en sortir. Ceux-là se laissent encore impressionner par la réalité apparente du champ l'hiver. Et puis il y a ceux qui, au-delà des apparences, sont parvenus* *à développer le regard du jardinier qui fait sa part comme le colibri, en sachant que la vie est là et saura mieux que lui finir le travail. Changer de regard, tout est là.* "Quand on pense comme un marteau, *disait Einstein*, tous les problèmes prennent la forme d'un clou". »

Alors, en cette période de troubles qui risque fort de durer et d'être turbulente, ne croyez-vous pas qu'il devient essentiel de voir et penser autrement ? Voir et penser comme un paysan enraciné dans cette terre qu'il aime tant.

En ce moment, bien des personnes aimeraient que tout redevienne comme avant... Moi pas !!!

— Je ne veux plus d'une société qui pille la planète.

— Je ne veux plus d'une société basée sur l'apparence et qui pille à outrance.

— Je ne veux plus d'une société où l'individu pense à ses poils ou ses ongles, son « look » en général, pendant que d'autres, dont des enfants, ne savent pas ce qu'ils mangeront demain.

— Je ne veux plus d'une société où, un gars qui tape dans un ballon ou une gonzesse qui tortille du cul sur un podium gagne des millions alors que nous laissons crever nos agriculteurs et notre système médical.

— Je ne veux plus d'une culture pour une élite, mais de la joie, de la simple joie du cœur, pour toutes et pour tous.

Je souhaite vivre, mais dans une autre direction, repenser demain et non pas continuer dans les mêmes stratégies.

— Je souhaite du cœur.

— Je souhaite de l'entraide.

— Je souhaite beaucoup de choses.

Ce qui se passe aujourd'hui est un **énorme avertissement.** Nous **devons** repenser notre société pour demain, pour nos enfants. Que voulons-nous leur laisser ??? Je vous en prie, **réfléchissez…**

Nous sommes seuls maîtres à bord de notre propre vie. En même temps, il est nécessaire de nous assurer que nous sommes sur le bon chemin.

Un autre monde est en train de s’ouvrir avec de nouvelles découvertes et perceptions, de nouveaux choix, de nouveaux « apprentis-sages ».

Tout comme la pluie efface l’encre, laissons la pluie effacer nos maux afin que le soleil prenne la place qui lui revient. Ne dit-on pas après la pluie le beau temps, après les ténèbres, la lumière vive et éclatante ?

Que vos cœurs s'ouvrent et chassent la pluie. Sur ce nouveau chemin qui s'ouvre, je suis heureux de vous accompagner dans ce livre.

Le **berger des mésanges bleues** voudrait simplement devenir un

ÉVEILLEUR D'HUMANITÉ.

ANNEXES

LA FILMOGRAPHIE DE RÉS'OGM.

1 : « Cultivons la terre »

Le film *Cultivons la Terre* prend comme fil conducteur la présentation des OGM agricoles actuellement sur le marché des plantes transgéniques tolérant des herbicides et des plantes insecticides. Ce film est un foisonnement de propositions alternatives, très concrètes et opérationnelles dans lesquelles chaque agriculteur peut se reconnaître et les appliquer. Ce sont des pratiques agricoles améliorées par la recherche scientifique ou des innovations faites par des agriculteurs dans leurs champs. La lutte biologique, la sélection participative, le respect de la vie des sols, l'autonomie alimentaire des élevages, les circuits courts de commercialisation, sont autant de stratégies d'avenir.

Agriculteurs et chercheurs s'allient pour illustrer et crédibiliser une vision nouvelle de l'agriculture où le progrès ne se situe plus dans une logique d'industrialisation, mais bien dans une approche sensible du monde vivant.

Le film *Cultivons la terre* a un double objectif. Il est destiné d'une part, à des personnes qui essaient de comprendre l'agriculture et comment sont fabriqués les aliments, et d'autre part, aux agriculteurs et futurs agriculteurs, plus particulièrement ceux susceptibles d'être confrontés au choix des OGM.

Chapitres thématiques :

1. L'histoire récente de l'agriculture conventionnelle
2. Les Organismes Génétiquement Modifiés
3. Les OGM produisant un insecticide (protéine Bt contre la pyrale du maïs)
4. La lutte biologique
5. Les OGM tolérant les herbicides
6. Limiter les herbicides sans OGM
7. Respecter le sol
8. Les circuits courts de commercialisation
9. L'autonomie alimentaire des élevages
10. Le problème de la contamination par les OGM
11. La sélection participative

Les personnages du film sont des agriculteurs et des chercheurs complémentaires les uns des autres pour mettre en œuvre une agriculture durable, innovante et sans OGM.

De la grande exploitation en monoculture à la petite ferme diversifiée, de la production de masse pour l'exportation aux circuits courts de commercialisation, tous les agriculteurs présents dans le film ont réussi. Ils témoignent de leurs pratiques et de leurs problématiques :

— Philippe Allagnat : Agriculteur éleveur de vaches laitières en Isère travaille selon les principes de l'agriculture paysanne. Lorsque s'est posée à lui la question de continuer ou d'arrêter le métier d'agriculteur suite au départ de son associé, il a entamé une profonde modification de son système de production grâce à la construction d'une salle de traite mobile et d'un séchage solaire en grange pour le foin. Il est complètement autonome pour l'alimentation de ses vaches, alors qu'auparavant elles étaient nourries au maïs et soja d'importation en permanence dans les bâtiments. Depuis, la situation économique de la ferme s'est nettement améliorée.

— Yves François : Agriculteur en Isère est une référence dans la région. Il a mis en place sur sa ferme de nombreuses techniques innovantes. Il participe à de nombreuses recherches, notamment une étude comparative de différentes méthodes de désherbage (désherbage mécanique).

— Sébastien Laprévote : Technicien et agriculteur en Côte d'Or est spécialiste des semis directs sous couvert.

— Gérard Lhopital : Agriculteur dans le Rhône, arboricultcur, fruits frais et transformés, commercialise en vente directe. Il est responsable du magasin collectif Uniferme, membre du réseau AVEC (Agriculteurs en Vente Collective).

— Florent Maheu et Emmanuel Champon : agriculteurs en GAEC (Groupement Agricole d'Exploitation en Commun) dans le Jura. Ils ont des vaches laitières en agriculture biologique, AOC Comté. Ils cultivent des variétés anciennes de maïs de pays sélectionnées à la ferme.

— Alain Ronot : Agriculteur en Côte d'Or, céréalier en agriculture biologique, cultive des blés anciens (semences paysannes) et des mélanges de variétés qu'il valorise localement en circuits courts.

— Bernard Ronot : Agriculteur retraité, collectionneur de variétés anciennes de blé, a développé un conservatoire de pommiers. Membre du Réseau Semences Paysannes et de Kokopelli, il a vécu la modernisation de l'agriculture depuis la fin de la Seconde Guerre mondiale à nos jours. Il raconte avec passion comment il a adhéré aux différents progrès techniques (tracteur, engrais, produits phytosanitaires), puis pourquoi il a décidé de se reconvertir à l'agriculture biologique à 50 ans. Aujourd'hui retraité, il se consacre avec son épouse à la conservation de centaines de blés anciens, prometteurs pour l'avenir de l'agriculture tel qu'il l'entend. Il est aussi membre fondateur de l'Association *Les Graines de Noé.*

— Dominique Viannay : Maraîcher dans le Rhône, est spécialiste des insectes auxiliaires des cultures. Il est aussi président fondateur de Rés'OGM Info et du Groupe *Insectes du Rhône.*

— Et moi-même, Gérard Boinon : Membre fondateur de Rés'OGM info, agriculteur dans l'Ain en polyculture-élevage, je suis fortement opposé aux OGM et engagé dans le combat des faucheurs volontaires. Depuis 1990, j'utilise des trichogrammes, un insecte auxiliaire, pour lutter contre la pyrale dans mes champs. J'explique comment je fais pour limiter l'invasion de la pyrale dans le maïs en préventif, c'est-à-dire avant d'avoir recours à un traitement.

Afin d'aller plus loin d'un point de vue scientifique, des chercheurs amènent des précisions sur les différents sujets traités : biotechnologies végétales, lutte contre les insectes ravageurs des cultures, désherbage, nutrition animale :

— Claude et Lydia Bourguignon : Agronomes indépendants spécialistes des sols, ont quitté l'INRA pour créer le LAMS (Laboratoire d'Analyse Microbiologique des Sols). Ils interviennent auprès des agriculteurs en faveur du non-labour, qui est pour eux la technique de l'avenir. Ils développent une agronomie moderne et dénoncent ouvertement les aberrations de l'agriculture d'aujourd'hui.

— Salvatore Ceccarelli : Phytogénéticien à l'ICARDA (*International Center for Agricultural Research in the Dry Areas*) basé en Syrie. Sélection participative sur orges et blés.

— Gérard Ducerf : Agriculteur devenu botaniste de terrain, a monté un centre de formation en botanique, plantes médicinales et alimentaires (Promonature). Auteur d'un ouvrage intitulé « *Les plantes bio indicatrices des sols »,* il effectue des recherches sur les conditions de levée de dormance des graines.

— Isabelle Goldringer : Généticienne des plantes à l'UMR de Génétique Quantitative et Méthodologie de la Sélection et à INRA Moulon (Institut National de la Recherche Agronomique), travaille sur la diversité, l'évolution et l'adaptation des populations de blés. Elle développe une thèse sur la sélection participative du blé en lien avec des agriculteurs français et des chercheurs du monde entier. La sélection participative consiste à sélectionner les plantes chez les agriculteurs et avec eux, de manière à créer des variétés adaptées aux besoins de chacun, pour chaque terroir, contrairement aux variétés commercialisées à grande échelle adaptables à un grand nombre de situations.

— Marcel Mazoyer : Ingénieur agronome, Professeur émérite à la chaire d'agriculture comparée et développement agricole au sein de l'Institut National Agronomique Paris-Grignon (INA-PG, AgroParisTech). Il est spécialiste de la faim dans le monde, auteur d'un ouvrage intitulé *« Histoire des agricultures du mond*e » dans lequel il décrit entre autres les mécanismes de sélection des plantes cultivées par l'homme.

— Bernard Pintureau : Entomologiste à l'UMR INRA/INSA Lyon (Institut National de la Recherche Agronomique, Institut National des Sciences Appliquées) et professeur de biologie fonctionnelle, *Insectes et Interactions.* Il est le spécialiste de la lutte intégrée contre la pyrale du maïs et l'utilisation de trichogrammes, mais aussi d'autres insectes prédateurs de la pyrale. Auteur de plusieurs ouvrages notamment *« La lutte biologique - Applications aux arthropodes ravageurs et aux adventices »* et *« Les espèces européennes de Trichogrammes »*.

2 : « Secrets des champs »

Le tournage du film *Secret des champs* a lieu en 2012 et sa sortie en 2013. À partir de ce moment-là, un nombre incalculable d'animations de films et de conférences ont lieu.

Les objectifs de *Secrets des champs* sont de :

— Susciter l'émerveillement face à l'ingéniosité du vivant et sa mise en application dans l'agriculture.

— Créer des envies d'améliorer les pratiques culturales, les écosystèmes cultivés et les semences, dans l'objectif d'augmenter le potentiel des plantes à interagir avec leur environnement, pour rendre les plantes cultivées plus autonomes dans leur alimentation, leur protection et leur défense, et globalement plus efficaces pour l'agriculture.

Résumé de « Secrets des champs »

Il y a 450 millions d'années :

— Les plantes ont colonisé la surface de la terre, sans avoir besoin de la main de l'homme et sans engrais ni produits chimiques.

— Les plantes ont été capables de s'adapter, que l'on soit dans la toundra du Pôle Nord ou sous l'Équateur.

— Les plantes sont capables de se défendre. Certaines prennent des épines, d'autres émettent des toxines, d'autres encore font appel à des insectes ou à des oiseaux auxiliaires pour favoriser leur défense en émettant des phéromones (odeurs) pour les avertir, quand elles sont attaquées.

— La plante est tellement formidable qu'elle est même capable de voyager toute seule puisqu'on la trouve dans les îles les plus retirées de notre planète où elle est arrivée seule.

— Les plantes cultivées ont un potentiel inouï.

Ce film illustre sans opposition ni polémique la manière dont les plantes cultivées s'associent, coopèrent, communiquent et cohabitent avec les êtres vivants qui les entourent : insectes, champignons du sol, et autres plantes.

Les recherches récentes dévoilent des pistes pour une agriculture écologique. Ces recherches scientifiques et paysannes récentes ouvrent des pistes d'innovations pour l'agriculture, éclairées par l'expérience de Marc Dufumier, agronome émérite.

Du maraîchage à l'agroforesterie, en bio comme en agriculture de conservation, ce sont finalement les pratiques des paysans qui permettent d'activer le potentiel du vivant pour l'agriculture.

Les séquences de « Secrets des champs »

— **Intro** de Marc Dufumier : Les interactions que les plantes entretiennent avec les êtres vivants qui les entourent sont à la base d'une agriculture intensément écologique. Le rôle des agriculteurs est primordial.

— **Partie 1** : *Les interactions entre les plantes cultivées et les insectes.* De nombreuses interactions parmi les insectes permettent de réguler les populations de ravageurs. Par exemple, la coccinelle (insecte auxiliaire) mange le puceron (insecte ravageur). Ce service de régulation peut-être très utile aux agriculteurs, sous réserve que les insectes auxiliaires soient présents, donc trouvent refuge et nourriture à proximité des parcelles. La plante est active dans cette interaction, car c'est elle qui envoie des messages SOS lorsqu'elle est attaquée par un ravageur. Ce message attirera un insecte auxiliaire pour l'anéantir. Une équipe de chercheurs à Rennes travaille sur les odeurs émises par les plantes de la famille des crucifères lorsqu'elles sont attaquées par les asticots de mouche. Ces odeurs attirent divers auxiliaires.

Les variétés modernes ont pour la plupart perdu leurs capacités à envoyer des messages SOS pour assurer leur défense, ce qui les rend plus sensibles aux agressions. La sélection a un rôle important à jouer pour permettre aux plantes cultivées de retrouver leur potentiel de défenses naturelles. Mais ce potentiel de défense ne pourra pas s'exprimer sans la présence de leurs alliés, les insectes auxiliaires. Il est donc important de favoriser le développement de ces insectes dans les champs. Pour cela, les « autres plantes », celles qui ne sont pas cultivées, jouent un rôle important en nourrissant et abritant les insectes. Les mauvaises herbes peuvent jouer ce rôle, mais aussi des haies ou des bandes enherbées semées spécialement pour leur rôle attractif sur les insectes auxiliaires. Pour bénéficier au maximum de ce service de régulation, il est nécessaire de bannir l'utilisation des insecticides, qui ne tuent pas seulement les insectes ravageurs, mais aussi tous les autres insectes présents dans les champs.

— **Partie 2** : *Les interactions entre les plantes cultivées et les êtres vivants du sol, cas des mycorhizes.* Dans le sol vivent de nombreux êtres vivants, dont certains sont bien connus comme les vers de terre, et d'autres invisibles à l'œil nu. Ce sont des bactéries et champignons du sol, qui ont des relations multiples avec les plantes, d'attaque ou de défense. Les plantes n'ont pas toutes la même capacité à interagir avec ces micro-organismes, et la sélection des plantes cultivées a affaibli leur potentiel de défense et d'association.

Les champignons mycorhiziens sont capables de former des symbioses avec les racines des plantes cultivées, ce sont les mycorhizes. Ces associations permettent aux plantes d'étendre leur réseau racinaire et de capter des éléments nutritifs essentiels difficilement assimilables par les racines seules. En outre, les mycorhizes aident les plantes à trouver de l'eau en période sèche, et les protègent contre les champignons pathogènes. L'effet de ces mycorhizes est très important dans le cas de variétés anciennes, habituées à se nourrir et se défendre seules. Les variétés modernes au contraire, sélectionnées dans des conditions très artificialisées (avec apports d'engrais et de pesticides), ne valorisent pas cette symbiose. Encore une fois, une sélection de plantes capables de valoriser les mycorhizes est indispensable pour une agriculture plus autonome.

Les pratiques culturales ont une grande influence sur le nombre de champignons mycorhiziens présents dans un sol. Le travail du sol et l'utilisation de fongicides et d'engrais leur sont très nuisibles. Les champignons mycorhiziens ayant besoin des plantes pour leur survie, les sols laissés nus ou semés de crucifères (qui ne savent pas former de mycorhizes) nuisent également à la présence de ces champignons. Outre les bonnes pratiques agricoles, les sols « massacrés » par des années d'agriculture industrielle peuvent retrouver un potentiel mycorhizogène grâce à l'inoculation de champignons produits dans les centres de recherche et commercialisés dans certains pays du monde.

Un même champignon mycorhizogène est capable de former des symbioses avec plusieurs plantes, ce qui crée des réseaux souterrains permettant de créer une solidarité entre les plantes d'un même champ. L'intérêt des cultures associées et de l'agroforesterie est encore une fois démontré.

— **Partie 3** : *Les interactions entre les plantes dans le champ.*

Il y a les plantes cultivées d'une part, et les « autres plantes » qui poussent dans le champ, car la nature aime la diversité et a horreur du vide. Ces autres plantes sont dites « mauvaises herbes » dans le cas où l'agriculteur ne les a pas souhaitées. Elles se développent plus ou moins selon les variétés cultivées. Les blés anciens à paille haute, récemment remis en culture par un nombre croissant de paysans bio, permettent de limiter considérablement le développement des « mauvaises » herbes.

Une sélection de plantes capables de bien se comporter en culture en compagnie d'autres plantes est indispensable à une bonne gestion du désherbage.

Ces autres plantes sont dites plantes compagnes ou associées dans le cas où l'agriculteur les apprécie dans son champ, voire les cultive volontairement. Différents exemples montrent l'intérêt des plantes associées : prairies multi espèces, mélange fourrager, association colza-vesce ou blé-féverole, agroforesterie... Lorsque ces plantes sont semées uniquement pour occuper le terrain à la place des mauvaises herbes sans être récoltées, on parle de couverts végétaux. Outre leur efficacité sur l'enherbement, ces couverts jouent un rôle très important sur la fertilité des sols.

Le monde agricole et scientifique commence à prendre de plus en plus conscience du rôle de cette diversité des cultures à l'intérieur d'un même champ, tant pour le rendement global et à court terme que pour la fertilité des sols à plus long terme.

Les personnages de « Secrets des champs ».

Introduction et conclusion de Marc Dufumier, agronome émérite à AgroParisTech, est professeur à la chaire d'agriculture comparée et développement agricole. Il est l'auteur du livre *« Malbouffe au Nord, famine au sud, comment le bio peut nous sauver »*.

Partie 1 : *Les interactions des plantes avec les insectes.*

Le groupe *Insectes* dans le Rhône, est composé de maraîchers, arboriculteurs, entomologistes et techniciens. Son rôle est de sensibiliser les agriculteurs sur le rôle positif des insectes dans les fermes et de mettre en place des dispositifs expérimentaux pour attirer les insectes auxiliaires. Parmi eux :

— Jean-Michel Guyot, maraîcher au GAEC de la Rosée du Matin,

— Dominique Viannay, maraîcher,

— Hugues Mouret, naturaliste et formateur à l'association *Arthropologia*,

— Stéphane Cavalaglio, conseiller spécialiste des insectes auxiliaires qui accompagne monsieur Frandon, horticulteur en Isère pour arrêter l'utilisation des insecticides grâce à l'utilisation intelligente d'insectes auxiliaires,

— Anne-Marie Cortesero chercheuse à l'INRA de Rennes sur le rôle des odeurs émises par les choux sur les insectes auxiliaires. Elle encadre les travaux de deux doctorants, Clément GOUBERT et Alan Kergunteuil.

Partie 2 : *Les interactions des plantes avec les champignons du sol.*

— Jean-François Vian, agronome à l'ISARA de Lyon, étudie la qualité et la fertilité des sols, au niveau microbiologique.

— Au sein de l'équipe de recherche Plante-Microbe-environnement à Dijon spécialisé sur les mycorhizes, les chercheurs Daniel Wipf et Silvio Gianinazzi réalisent un essai d'inoculation sur des variétés modernes du maïs.

— Le doctorant Olivier Essane Ondo effectue des prélèvements de racines sur des variétés anciennes de blé pour étudier les mycorhizes au laboratoire sous microscope.

— Nicolas Supiot, membre de l'association *Triptolème*, cultive des blés anciens avec lesquels il fait du pain.

— Gilles Simonneaux, agriculteur bio en Bretagne, est membre du programme de recherche Solibam.

— Benoît Lavier, céréalier membre de l'Association pour une *Agriculture Durable* pratique l'agriculture de conservation et les cultures sous couverts en Bourgogne.

— Bruno Chauvel, malherbologue à INRA Dijon étudie le comportement des mauvaises herbes sur les parcelles de Benoît Lavier.

Partie 3 : *Les interactions des plantes entre elles.*

— Frédéric Thomas, céréalier et rédacteur en chef de la revue TCS (Techniques de Cultures Simplifiées) est responsable d'un groupe d'expérimentation sur l'agriculture de conservation (agriculture de conservation.com). Il cultive un mélange de colza/vesce sans désherbage précédé d'un engrais vert.

— Raphaël Baltassat, éleveur de vaches laitières sous l'AOC Reblochon, cultive des mélanges fourragers (triticale, avoine, pois)... Il cultive également des variétés anciennes de blé en lien avec l'ARDEAR Rhône-Alpes et le Réseau Semences Paysannes.

— Estelle Serpolay, travaille avec la chercheuse Véronique Chable sur le projet Solibam à Rennes. Le programme Paysblé en Bretagne étudie plus particulièrement la sélection de populations de blés en lien avec leur environnement (pratiques culturales, microbiologie du sol, plantes adventices, insectes) pour une filière de boulangerie artisanale.

— Fabien Liagre, ingénieur dans un bureau d'étude spécialisé sur l'agroforesterie basé dans l'Hérault.

Les avis sur « Secrets des Champs ».

« Accessible aux enfants comme aux adultes. Avec simplicité et sans opposition ni polémique, ce film donne à voir et à comprendre diverses pratiques agricoles permettant de concilier les objectifs de production et la préservation de l'environnement. Des images naturalistes surprenantes et des commentaires accessibles permettent de recommander ce film aux enfants comme aux adultes ». Sylvain Houlier, Mairie, 79400 Azay-le-Brûlé.

« L'émerveillement est au rendez-vous. Le but annoncé de "Secrets des champs" est de susciter l'émerveillement du spectateur vis-à-vis de l'ingéniosité de la nature. Loin d'être un énième documentaire à charge contre l'agriculture industrielle, le film se place dans une démarche positive et dresse un tableau enchanteur d'une agriculture à l'écoute de la nature. "Secrets des Champs" offre la clé de multiples alternatives aux procédés de l'agriculture chimique.

Grâce aux témoignages des nombreux protagonistes (issus du monde agricole et de la recherche scientifique), on apprend beaucoup et on se laisse à rêver à une agriculture autre : moins artificielle et qui réapprendrait à faire confiance au potentiel du vivant. Le talent d'Honorine Périno est d'ajouter à l'intelligence du propos la beauté de l'image. L'émerveillement est au rendez-vous ». Publié dans Génération future -2013.

« C'est un message qui nous change de ces reportages qui se contentent de détruire l'agriculture conventionnelle. C'est instructif et rassurant pour l'avenir de notre agriculture ». Frédéric Thomas, agriculture-de-conservation.com.

« À voir absolument. On sait grâce aux travaux de Jane Goodall que l'homme n'a pas le privilège de se servir d'outils, les singes le font aussi. On connaît grâce, entre autres, aux travaux de Jean-Marie Pelt, la solidarité existante entre certaines plantes et certains animaux. Des milliards d'insectes peuplent la planète, on sait peu de choses - ou bien disons qu'ils sont étudiés, mais intéressent peu le public. Et pourtant… ce formidable documentaire présente l'agriculture sans parti pris comme devant prendre en compte un écosystème global et soucieux de bien comprendre le rôle de ses acteurs. Car les relations entre tous les vivants qui composent un champ (le sol profond, l'humus, l'air, les plantes, les insectes et animaux de passage ou de proximité) sont complexes, mais bien pensées par Dame Nature !

Ainsi, j'ai appris que certaines plantes coopèrent avec certains insectes dits auxiliaires pour assurer leur protection sans parler de la fantastique coopération entre plantes et champignons. Genre, moi la plante je te nourris grâce à la photosynthèse et toi le champi tu me protèges en m'apportant certains éléments dont j'ai besoin.

À voir absolument en s'extasiant sur la magnifique germination d'un petit grain de blé, contenant tant de possibles... À voir si possible à l'école ou en groupe pour en parler ensuite, et regarder les insectes d'un autre œil !» Les chroniques de la seiche.

« Le film apporte de nombreuses informations méconnues et intéressantes. D'un point de vue technique, c'est une belle réalisation... avec des images de qualité dont certaines représentent de purs instants de poésie… avec une musique discrète ou très présente qui participe agréablement à la transmission des infos visuelles ou parlées ». Daniel C.

« Je suis formatrice en maraîchage auprès de BPREA, *je leur passe chaque année le film "Secrets des Champs" et c'est chaque fois une réussite auprès des stagiaires. Je le passe à la fin d'un gros module assez théorique sur l'agronomie, ça les aide beaucoup à saisir toutes les interconnexions de l'agroécosystème »*. A.K.

3 : « Semences du Futur ».

Comment créer les plantes qui nous nourriront demain ?

L'Homme influence l'évolution d'une biodiversité dont il dépend pour se nourrir. De la sélection paysanne aux biotechnologies, quelles initiatives permettront de produire les graines qui garantiront l'alimentation de demain ?

Deux lobbyistes des semences nous font voyager dans leurs univers scientifiques pour créer de nouvelles variétés de plantes. Ils révèlent peu à peu leurs stratégies face au changement climatique et à la nécessité écologique de réduire l'utilisation de produits chimiques dans les champs.

La création de nouvelles variétés de plantes cultivées doit surmonter d'importants défis. En trame de fond, ce film pose la question fondamentale du rapport de *l'homme à la nature.*

Tandis que Pierre-Henri Gouyon, évolutionniste au Muséum d'Histoire Naturelle de Paris, et Christophe Bonneuil, historien au Centre National de la Recherche Scientifique, apportent leur éclairage scientifique, Guy Kastler du Réseau Semences Paysannes et François Burgaud du Groupement National de l'Interprofession des Semences nous livrent leurs visions opposées de l'avenir, synthèse de leurs vies professionnelles dévouées aux semences.

Ce film est illustré avec la participation d'agriculteurs producteurs de semences et plants, et de nombreux chercheurs de l'Institut National de la

Recherche Agronomique et de l'International Center for Agriculture in Dry Areas (ICARDA, Syrie).

Les avis sur « Semences du Futur ».

« De nouvelles plantes cultivées sont nécessaires pour l'adaptation au changement climatique. Quelles initiatives privilégier ? Deux rapports à la nature s'opposent ici clairement. Des témoignages de chercheurs en biotechnologie favorables aux OGM d'un côté, des chercheurs comme Pierre Henri Gouyon et Christophe Bonneuil ou des paysans comme Guy Kastler favorables à une sélection par le paysan lui-même de l'autre ». L'ÉCOLOGISTE N°51 – VOL. 19 N°1, JANVIER – MARS 2018

« Un film philosophique. L'idée forte du film est pour moi d'ordre philosophique : le rapport de l'homme à la nature. L'homme est-il un être naturel ? Ou alors doit-il se situer en dehors de la Nature ? Considéré d'essence divine par les religions du Livre, placé traditionnellement par la Science au point culminant de l'évolution, est-il vraiment le joyau de la création ? Comme le prônait Rousseau, en est-il le maître et possesseur ? Ou en est-il l'enfant terrible ? Certains ne craignent pas de transgresser les lois en manipulant le génome. D'autres, travaillant et vivant au sein de la nature, se placent résolument dans le sillage des paysans qui, par le processus de sélection massale vieux de plusieurs millénaires, ont créé la biodiversité domestique. Seule voie qui permettra selon eux le développement harmonieux de l'humanité. Un film qui devrait susciter de beaux débats !» Martine Delhommeau.

« Il donne envie d'en savoir plus. Je l'ai trouvé très intéressant avec deux angles de vue différents. Il m'a donné envie d'en savoir plus sur les enjeux et les problématiques de la sélection des semences. Mais je vais devoir le regarder une nouvelle fois, car il y avait beaucoup de termes scientifiques et techniques, bons pour ma culture personnelle... » Jérôme

Les principaux protagonistes du film.

— Guy KASTLER. Réseau « Semences Paysannes », chargé de mission de Nature & Progrès qu'il a rejoint dès 1971, Guy Kastler est également membre fondateur de la Confédération Paysanne et coordinateur du réseau Semences Paysannes depuis sa création, en 2003. D'abord ouvrier agricole, il s'est installé dans le sud de l'Hérault comme *paysan*, pour produire du vin puis des fromages de brebis. Intervenant à de nombreux colloques, débats et autres conférences en France et ailleurs, il défend la possibilité d'autres modèles agricoles, en faveur de la biodiversité, de la santé humaine et des paysanneries.

— François Burgaud, Groupement National de l'Interprofession des Semences (GNIS), est directeur des relations internationales extérieures du GNIS. Diplômé de l'Institut d'Études Politiques de Paris et de l'EHESS, il a effectué une grande partie de sa carrière au GNIS. À la fin des années 80, il a travaillé quatre ans au Sénégal sur la privatisation de la filière semencière. De par les fonctions qu'il occupe au GNIS, il est spécialiste des enjeux liés au cadre de propriété intellectuelle sur les semences en France, mais aussi en Afrique. Il est d'ailleurs membre de l'OAPI (Organisation Africaine de la Propriété Intellectuelle) et de l'ARIPO (*African Regional Intellectual Property Organization*).

— Pierre-Henri Gouyon Museum d'Histoire Naturelle Professeur au Museum d'Histoire naturelle, mais aussi à AgroParisTech, à Sciences Po et à l'École Normale Supérieure, il est l'homme qui, selon ses propres mots, « *a réintroduit l'enseignement de la biologie évolutive en France après une éclipse de près de deux siècles* ». Un passeur idéal, chaleureux et stimulant, qui ne cesse, aujourd'hui encore, de s'étonner de l'incroyable *intelligence* du mécanisme découvert par Darwin dont, dit-il, *« l'espèce humaine, dans son infini manque de modestie, n'arrive pas à accepter l'efficacité ».*

— Christophe Bonneuil, Centre National de la Recherche Scientifique (CNRS), est chercheur au centre Koyré depuis 1998. Après des études de biologie et d'histoire, sa thèse d'histoire des sciences portait sur « *Mettre en ordre et discipliner les tropiques : les sciences du végétal dans l'empire français, 1870-1940* » (1997). Depuis, il s'intéresse plus largement aux sciences de la vie de la fin du XIXe siècle à aujourd'hui et aux transformations des rapports au vivant. Il enseigne au Master Histoire des Sciences Techniques et Sociétés de l'EHESS depuis 1998.

— Marianne Mazier, génétique et amélioration des plantes à l'INRA d'Avignon, fait partie de l'équipe résistance aux maladies. Elle est spécialiste de la transformation des plantes par CRISPR-Cas9. (CRISPR-Cas9, est un ciseau génétique, capable de couper l'ADN à volonté)

— Marie-Christine Daunay, ingénieure de recherche sur l'aubergine est coordinatrice du réseau français de conservation des ressources génétiques solanacées.

— François Tardieu, INRA de Montpellier, Plateforme de phénotypage ICARDA est chercheur en écophysiologie.

— Salvatore Ceccarelli, responsable de la plateforme de phénotypage spécialiste international de la sélection participative.

— Jean-Luc Brault, artisan semencier, a fondé *Graine del Païs* et est membre de l'Association *Les Croqueurs de carottes.*

— Emmanuel Cellier, producteur de plantes.

— Pierre Rivière, animateur du Réseau Semences Paysannes.

Pour tout commentaire ou question sur cette œuvre, n'hésitez pas à envoyer vos messages à :
editions.heraclite@gmail.com

L'auteur ne manquera pas de vous répondre.

*

Découvrez les autres ouvrages de notre catalogue sur notre site
www.editions-heraclite.fr

*

Impression : Sepec Numérique
ZA des Bruyères 01960 PÉRONNAS
Dépôt légal : Octobre 2021

*